GW00891007

ENCYKLOPEDIA OKRĘTÓW WOJENNYCH

RAFAIŁ M. MIELNIKOW

PANCERNIKI TYPU
IMPIERATRICA MARIA

ENCYKLOPEDIA OKRĘTÓW WOJENNYCH® 30

AJ – PRESS
ul. Chrobrego 32
80–423 GDAŃSK
tel./fax: (+48–58) 344 99 73
tel. kom. 0–601 31 18 77
www: http://aj-press.home.pl
e-mail: aj-press@home.pl

Red. nacz. serii: **Adam Jarski**
Proj. graf. okładki
i strony tytułowej: **Adam Jarski**
Rys. na okładkę: **Grzegorz Nawrocki**
Rysunki: **G. A. Atawin**
Przekład z j. ros.: **Ryszard Jędrusik**
Przekład na j. ang.: **Leszek Erenfeicht**
Redakcja: **Leszek Erenfeicht**
Proj. graf. i skład: **Katarzyna B. Kwiatkowska**
Korekta: **Katarzyna B. Kwiatkowska**

Druk: **Drukarnia POZKAL**,
ul. Cegielna 10/12,
88-100 Inowrocław
tel. (0–52) 354 27 00
PRINTED IN POLAND

Dystrybucja: **AJ-PRESS**
krajowa ul. Chrobrego 32
i zagraniczna 80-423 Gdańsk
tel./fax (0–58) 344-99-73
sklep@aj-press.home.pl

Dystrybucja **INTERMODEL**
zagraniczna: 267 24 Hostomice,
Nadrazni 57
tel/fax: (+42) 0316 494491
CZECH REPUBLIC

„AIRCONNECTION"
Box 21227
R.P.O Meadowvale
Mississauga ON
L5N 6A2 CANADA
phone: (+1) 905 785–0016
fax: (+1) 905 785–0582
sale@airconnection.on.ca
*wyłączność na terenie
USA i Kanady*

ISBN 83 – 7237 – 115 – 6

dwieście dziewiętnasta
publikacja AJ-Pressu

wydanie polsko-angielskie
**COPYRIGHT
© AJ–PRESS, 2003**

Wszelkie prawa zastrzeżone. Żadna część tej publikacji nie może być kopiowana w żadnej formie ani żadnymi metodami mechanicznymi i elektronicznymi, łącznie z wykorzystaniem systemów przekazywania i odtwarzania informacji bez pisemnej zgody właściciela praw autorskich. Nazwy serii wydawniczych oraz szata graficzna a także nazwa i znak firmy są zastrzeżone w UP RP.

All rights reserved. No part of this publication may be reproduced, stored in a retrieval system or transmitted in any form by any means electrical, mechanical or otherwise without written permission of the publisher. Names of all series, layout and logo are trademarks registered in UP RP and are owned by AJ–PRESS.

Jeśli posiadacie ciekawe zdjęcia samolotów, broni lub okrętów różnych państw, szczególnie z okresu wojen lub konfliktów zapraszamy do współpracy przy przygotowywaniu następnych publikacji wydawnictwa AJ–PRESS. Oryginały zdjęć zostaną zwrócone. Prosimy o kontakt w celu omówienia szczegółowych warunków.

If you have any photos of aircraft, armor or ships of any nation, particularly wartime snapshots, please share them with us and take part in preparing next AJ–PRESS books. All photos will be copied and returned to the owner. Please contact us to get further information about financial terms.

Na okładce: Pancerniki typu *Impieratrica Maria* w szyku torowym / On the cover: Imperatritsa Maria-Class battleships steaming line-astern

Na stronie tytułowej: Dziobowa wieża okrętu liniowego *Gienierał Aleksiejew* / Page 1: No1 (A, or frontal) turret of battleship General Alexeev

mal. / artwork Grzegorz Nawrocki

Fotografie ze zbiorów N. N. Afonina, M. A. Bogdanowa, L. A. Kuzniecowa, A. N. Odajnika, M. Twardowskiego / Photos kindly supplied by N. N. Afonin, M. A. Bogdanov, L. A. Kuznietsov, A. N. Odaynik, M. Twardowski

Dobór archiwalnych rysunków — L. A. Kuzniecow / The selection of archive drawings — L. A. Kuznietsov

Tłumaczenie z języka rosyjskiego / Translated from Russian language edition

Tytuł wersji oryginalnej: Linijnyje korabli tipa „Imperatrica Maria" / Original title: Lineynye Korably Tipa Imperatritsa Maria

W niniejszym opracowaniu zostały wykorzystane rysunki okrętu, zrekonstruowane przez modelarza okrętowego-konserwatora G. A. Atawina / Design drawings re-constructed by ship modeler and conservator G. A. Atavin

© R. M. Mielnikow 2002 / © Wydawnictwo Gangut 2002

O autorze

Rafaił Michajłowicz Mielnikow urodził się w Kostromie 15 stycznia 1935 roku. Po ukończeniu w 1959 roku wydziału budowy okrętów Leningradzkiego Instytutu Budownictwa Okrętowego, pracował w CKB–19 i CNII im. Akademika A. N. Kryłowa. Brał udział w rejsach łodzią po Wołdze, Zatoce Fińskiej, Morzu Czarnym i Azowskim.

W 1951–1971 latach Rafaił Michajłowicz pływał na okręcie podwodnym S–348, bazie pływającej „Wasilij Putincew", statku naukowo-badawczym „Odissiej".

W 1964 roku R. M. Mielnikow rozpoczął prace badawcze w CGAWMF (obecnie — RGAWMF). Jego pierwsze artykuły (na 60-lecie bitwy krążownika „Riurik" i o krążowniku „Wariag") był opublikowane w gazecie „Krasnaja Zwiezda". Do dnia dzisiejszego Rafaił Michajłowicz, opierając się o dokumenty archiwalne, opublikował około 300 artykułów w różnych wydawnictwach, w tym w almanachach „Sudostrojenie", „Morskoj Sbornik", „Morskoj Flot", „Gangut". W serii „Zamieczatielnyje korabli" (Niepospolite okręty) wydawnictwa „Sudostrojenie" zostały opublikowane jego monografie „Krążownik Wariag", „Pancernik Potiomkin", „Krążownik Oczakow", „Riurik był pierwszym". R. M. Mielnikow brał udział w przygotowaniu do druku pięciotomowego dzieła „Istoria otieczestwiennogo korablistrojenia"(Historia rodzimego budownictwa okrętowego).

Polecamy

W przygotowaniu

Monografie Lotnicze:
nr 57 P–51 Mustang
cz. 3 (ostatnia)
nr 60 Bell P–39, P–63
cz. 3 (ostatnia)
nr 81 Avenger
cz. 2 (ostatnia)
nr 82 B–25 Mitchell
cz. 3 (ostatnia)
nr 85 Catalina
cz. 2 (ostatnia)

Tankpower:
nr 6 PzKpfw V Panther
vol. 6
nr 11 Japońska broń
pancerna
vol. 3 (z czterech)
nr 15 PzKpfw VI Tiger
vol. 3

Para Bellum:
nr 3 Droga do Blitzkriegu

Malowanie
i Oznakowanie:
nr 6 i 7 Luftwaffe
1935–45 cz. 6 i 7

Encyklopedia
Okrętów Wojennych:
nr 19 Pancerniki typu
Bismarck
cz. 5 (ostatnia)
nr 25 Grom i Błyskawica
cz. 2 (z czterech!)

Bitwy i Kampanie:
nr 3 Polska Marynarka
Wojenna w 1939 r.
cz. 2 (ostatnia)
nr 5 Korea 1950–53.
Działania lotnicze
nr 13 Ia Drang

Impieratrica Maria

Imperatritsa Maria

Los okrętu, któremu sądzone było krótkie, lecz pełne chwały życie, w zadziwiający sposób pokrywał się z dziejami jego historycznego poprzednika — okrętu flagowego admirała Piotra S. Nachimowa. Oba rozpoczęły swą działalność bojową wspaniale, odnosząc sukces w pierwszej walce (żaglowiec *Impieratrica Maria* pod flagą Nachimowa poprowadził rosyjską eskadrę do boju pod Synopem 19 listopada 1853 roku), oba służyły potem zaledwie jeden rok i oba spotkała krzywdząco niesprawiedliwa zagłada — nie na pełnym morzu, ale w rodzimej, sewastopolskiej zatoce. Koleje losu pozostałych trzech pancerników Floty Czarnomorskiej: *Impieratricy Jekatieriny Wielikoj*, *Impieratora Aleksandra III* i *Impieratora Nikołaja I* potoczyły się niemal równie dramatycznie. Okręty, noszące dźwięczne imiona przedstawicieli trzystuletniej dynastii, której sromotny upadek Rosja pod rządami nieudacznika, nie mającego z nimi poza nazwiskiem wiele wspólnego, oglądała w dniach ich budowy, niewiele dłużej przeżyły *Impieratricę Marię*.

Dzieje *Marii* i jej rodzeństwa nierozerwalnie splotły się z wypadkami epoki. W pancernikach zmaterializowane zostały wszechstronny talent rodzimych inżynierów, tradycyjna waleczność rosyjskich marynarzy, odwieczny ból cuszimskiej tragedii i zaranie odrodzonej floty,

The fate of this ship, whose service career was short, but glorious, mirrors in some miraculous way the fate of her predecessor, the first warship by that name, Admiral Pyotr S. Nakhimov's flagship. Both started their service lives brilliantly (Nakhimov's flagship led Russian Navy to the battle of Sinop on November 19, 1853, where it won it's first great naval victory over the Turks), then both served for a mere one year and both met with the undeservedly ignominious end in home waters of Sebastopol.

History of the *Maria*'s siblings, three other Black Sea Fleet Dreadnoughts: *Imperatritsa Yekaterina Velikaya*, *Imperator Alexandr III* and *Imperator Nikolay I*, were likewise dramatic. Proudly carrying the names of the royals from the 300 years old dynasty, they witnessed the downfall of the country, ruled by an inept man, whose only connection with his predecessors was his name. They survived her older sister by a narrow margin only.

Fate of *Imperatritsa Maria* and her siblings were inseparably entwined with the fates of Russia in that era. They embodied the talents of the Russian designers, tenacity and courage of the Russian sailors, the painful lessons of Tsushima and the subsequent renaissance of

▼ *Impieratrica Maria* w marszu

▼ *Battleship Imperatritsa Maria on the march*

▲ Okręt liniowy *Połtawa* — jeden z pierwszych czterech drednotów rosyjskiej marynarki wojennej

▲ *Russian battleship Poltava, one of the first four Tsarist Navy Dreadnoughts*

która wzniosła się na szczyty sztuki prowadzenia zmasowanego ognia. Okręty te były świadectwem rozwoju rosyjskiego przemysłu i prywatnej przedsiębiorczości, potrafiących w ciągu niewielu miesięcy na prawie pustym miejscu stworzyć pierwszorzędne stocznie, budujące potężne okręty, na poziomie nie odbiegającym od światowych wzorców.

Trzeba było dziesięcioleci pełnych bolesnych doświadczeń i wstrząsów, by dostrzec sedno zagłady *Impieratricy Marii*: czynnik ludzki, który najpierw doprowadził do popełnienia poważnych błędów projektowych, a potem, co dziś już nie ulega wątpliwości, przyczynił się do jej utraty. Nawet dziś, po 83 latach, nie ustają spory historyków o przyczyny rozpadu Floty Czarnomorskiej, która z doskonale zorganizowanej, świetnie działającej siły bojowej końca 1917 roku, z prędkością, której nie sposób pojąć, upadła na dno anarchii i bezwładu. Także tragedia ucieczki resztek floty za granicę w listopadzie 1920 roku nadal, mimo upływu wielu lat, wywołuje spore emocje.

the Russian Navy, turning the skill of the concentrated artillery fire into an art of it's own. They were the proof of the skills and capabilities of the Russian industrialists and private entrepreneurs, who were able in a matter of months to built from the scratch, almost out of nowhere, the shipyards able to built huge warships, holding their own against the best ships of the then leading naval powers. It took decades of painful experiences and suffering social revolts to get to the bottom of the *Imperatritsa Maria* disaster — the „human factor", that first led to certain designing failures, and then triggered her loss. Even today, after 83 years, historians do still argue about the reasons that led the Black Sea Fleet from the heights of the competent and disciplined fighting force to the bottom of the mutinous mob of anarchists in a matter of several months. The escape of the remnants of the fleet abroad in November 1920, taking the last of the *Imperatritsa Maria's* siblings with it, also still raises doubts and emotions amongst the Russian.

◄ *Sultan Osman I* — jeden z trzech drednotów budowanych w Wielkiej Brytanii dla Turcji. Rysunek z tamtego okresu

◄ *Sultan Omar I* — one of the three Turkish Dreadnoughts under construction in Great Britain. A contemporary drawing

Projektowanie

Design history

Decyzję o wzmocnieniu rosyjskiej Floty Czarnomorskiej nowymi pancernikami podjęto, gdy Turcja ogłosiła zamiar zakupienia za granicą trzech nowoczesnych okrętów liniowych, drednotów, co zapewniłoby jej miażdżącą przewagę na Morzu Czarnym. W celu zachowania równowagi sił rosyjskie Ministerstwo Morskie (Morskoje Ministerstwo) w przedłożonym Radzie Ministrów 23 września 1910 roku raporcie o nowym zagrożeniu postulowało natychmiastowe wzmocnienie sił Floty Czarnomorskiej. Opracowany w oparciu o niego projekt ustawy, poparty przez premiera P. A. Stołypina, został przyjęty przez Dumę Państwową w marcu 1911 roku i w maju zatwierdzony przez cara Mikołaja II. Z przeznaczonej na „odnowę Floty Czarnomorskiej" kwoty 150,8 mln rubli srebrem (rs) na budowę trzech pancerników, dziewięciu niszczycieli i sześciu okrętów podwodnych wydzielono 102,2 mln rs. Pozostałe pieniądze miały pójść na wzmocnienie zaplecza remontowego i bazowego floty. Koszt budowy każdego pancernika określono na około 27,7 mln rs.

W celu przyspieszenia budowy przejęto układ konstrukcyjny i główne rozwiązania projektowe budowanych w Petersburgu czterech pancerników typu *Sewastopol*, których stępki położono w 1909 roku. Takie podejście pozwoliło znacznie skrócić proces opracowania strategicznych i taktycznych wymogów dla nowych czarnomorskich pancerników, lecz wiązało się ze świadomym przeniesieniem do nowych projektów wad nowych bałtyckich drednotów, w tym również rozmieszczenia artylerii głównej, kalibru 305 mm, w wieżach umiejscowionych pojedynczo, na jednym poziomie i w linii symetrii kadłuba.

Taki układ konstrukcyjny wynikał nie z wątpliwości i potrzeby kompromisu, jak w innych flotach, które go przyjęły, lecz przeciwnie — z głębokiego przekonania Morskiego Sztabu Generalnego (MGSz), że właśnie takie rozmieszczenie jest najlepszym z możliwych. Dlatego, zgodnie z ustalonymi przez MGSz warunkami międzynarodowego konkursu, bez wahania odrzucane były wszystkie projekty (a wśród nich jeden należący do Stoczni Bałtyckiej), w których przewidywano rozmieszczenie artylerii głównej w wieżach posadowionych w linii symetrii okrętu, ale parami, na różnych poziomach, co wkrótce stało się układem klasycznym dla flot całego świata. Rozwiązanie takie odrzucano, uważając, że w przypadku wież umieszczonych jedna nad drugą kąty ostrzału są mniejsze niż w przypadku pojedynczo rozlokowanych na całej długości okrętu. W celu stworzenia najlepszych warunków do kierowania ogniem postanowiono usytuować wszystkie wieże na jednej wysokości nad linią wodną, chociaż przy względnie małej wolnej burcie (co wynikało z chęci zminimalizowania powierzchni celu, którą stanowił okręt) i znacznej długości okrę-

The decision to bolster the Black Sea Fleet was taken upon Turkish announcement of ordering the three modern Dreadnought-type battleships in Great Britain. A force like that would allow then to dominate the Black Sea and crush the Russian Navy at will. To neutralize the threat Russian Sea Ministry reported to the Cabinet on September 23, 1910, that the Black Sea Fleet requires new ships immediately to check the projected Turkish build-up. Acting on that report, the Cabinet under Prime Minister P. A. Stolypin prepared a bill, voted by the State Duma in March 1911, and signed by the Tsar Nicholas II in May. Out of the total of 150.8 million rubles

▼ Warianty liniowo-wypiętrzającego rozmieszczenia wież artylerii głównego kalibru dla projektowanych czarnomorskich pancerników

▼ Main-battery layout with staggering turrets proposed for the projected Black Sea Dreadnought battleships

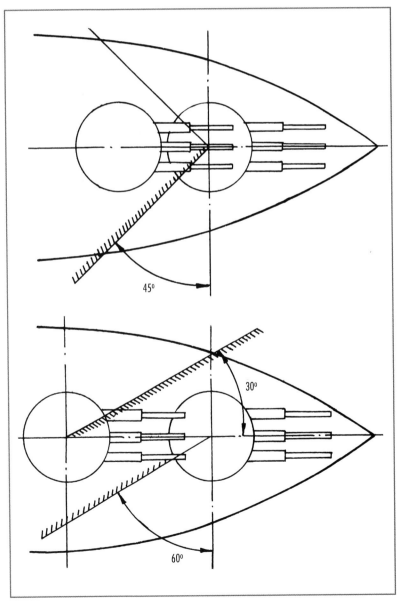

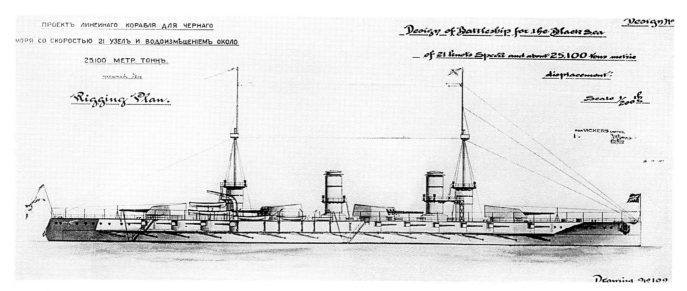

▲ Projekt okrętu liniowego dla
Morza Czarnego o wyporności
około 25.100 t, zaoferowany
przez angielską firmę Vickers

▲ A Vickers-offered design
of the 25,100 tonnes Black Sea
battleship

tów zewnętrzne wieże podczas dużego falowania zalewane były bryzgami wody. Zwiększona wilgoć nie przyczyniała się oczywiście do podwyższenia niezawodności mechanizmów elektrycznych urządzeń wieżowych. Znacznie później trzeba było wykonać dziobową nadbudowę z nachyloną w nawodnej części stewą i przeciągniętym (do pierwszej wieży) nadburciem na udającym się na Morze Czarne bałtyckim pancerniku *Pariżskaja kommuna* (eks-*Sewastopol*). Łącznie z wadami bałtyckich sióstr czarnomorskie okręty odziedziczyły również zalety, jak nowatorskie trzydziałowe wieże, słusznie uważane za znaczne osiągnięcie rodzimej techniki. MGSz stanowczo poparł zamysł skonstruowania takiej wieży (zapewne chcąc w ten sposób zrekompensować osłabienie siły ognia w dziobowych i rufowych sektorach, wiążące się z przyjętym układem ich rozmieszczenia), konsekwentnie doglądając postępów prac nad jej stworzeniem.

Z uwagi na założoną niemal całkowitą identyczność rozwiązań projektowanych dla bałtyckich i czarnomorskich pancerników, Stocznia Bałtycka proponowała nie opracowywać specjalnego projektu dla Morza Czarnego i budować okręt ściśle według bałtyckich wzorców. Korzystając ze zdobytych w czasie zbliżającej się do końca budowy czterech takich okrętów doświadczeń konstrukcyjnych, technologicznych i kooperacyjnych, petersburskie stocznie Bałtycka i Admiralicji były gotowe zbudować dwa z trzech planowanych dla Floty Czarnomorskiej pancerników.

Stało się jednak inaczej. Mimo wszystkich zalet takiego rozwiązania (wysoka jakość produktów stoczni petersburskich, szybkość budowy w przypadku opanowanej, dopracowanej i sprawdzonej konstrukcji, oszczędność środków, doświadczenie nabyte w czasie budowy poprzednich okrętów, umożliwiające rozwiązywanie wszystkich spornych kwestii w oparciu o wzorce jednostek już wprowadzonych do służby), oferta dwóch państwowych zakładów nie przekonała Ministerstwa Morskiego. Resort postawił na szerokie przyciągnięcie kapitału bankowego i prywatnej przedsiębiorczości do programu rozbudowy marynarki wojennej. Budowę zarówno pancerników, jak i innych okrętów programu czarnomorskiego zlecono prywatnym stoczniom w Nikołajewie. Jedna z nich, zbudowana w 1897 roku i posiadająca pewne doświadczenie w budownictwie okrętowym (dwie serie niszczycieli, wieże i maszyny dla pancernika *Kniaź Potiomkin-Tawriczeskij*, szereg jednostek cywilnych oraz portowych), należała do wielobranżowego koncernu Ob-

assigned for the "restoration of the Black Sea Fleet", 102.2 million were put aside to finance building three Dreadnought battleships, nine destroyers and six submarines. The rest was assigned to renovate the naval bases and repair facilities. The projected cost of each battleship was calculated at 27.7 million rubles.

To facilitate and speed-up the designing and construction, the Black Sea Dreadnoughts were to be copied from the *Sebastopol*-Class battleships then under construction for the Baltic Fleet. The keels for the four of these were laid in Petersburg shipyards in 1909. Taking over the existing design facilitated strategic and tactical specifications for the Black Sea battleships, but also meant that certain faults of the Baltic Dreadnoughts are to be copied, too. The most serious of these drawbacks was the turret arrangement with all the turrets lined-up on the same level. This was not a result of the doubts and a need to compromise, as was such an arrangement in other fleets. The Sea General Staff (MGSh) was deeply convinced that this is the ultimate in turret arrangements, and best suited for a battleship. Both the Baltic and then the Black Sea battleship designs were proposed with staggered turrets, but were flatly rejected by the MGSh. Staff officers insisted that the staggered arrangement reduces the firing arcs and complicates the fire control because of the different levels the turrets are on. It was decided to set all turrets on the same level, even if the relatively low free board (designed so to reduce the target) and long hulls meant that outboard turrets (foremost and after) would be constantly flooded by the wave splashes. And so the turret arrangement, that soon became the classic in battleship designing, was omitted in favor of a possibly dangerous layout, later to be paid dearly for by the Black Sea Dreadnoughts. Much later it was necessary to rebuild *Parizhskaya Kommuna* (ex-*Sebastopol*), one of the Baltic Dreadnoughts before the redeploying to the Black Sea. She had a false forecastle added, with angled prow on top of the stem and bulwarks extending back to the Nr.1 (A) turret.

Together with the faults of the Baltic Dreadnoughts design, the Black Sea battleships inherited some virtues, too. One of these were doubtless the novel three-gun turrets, rightly deemed as the marvels of the Russian technology of that era. MGSh was the staunch supporter of such design, probably hoping to make up the firepower lost ahead and astern because of the in-line arranged turrets.

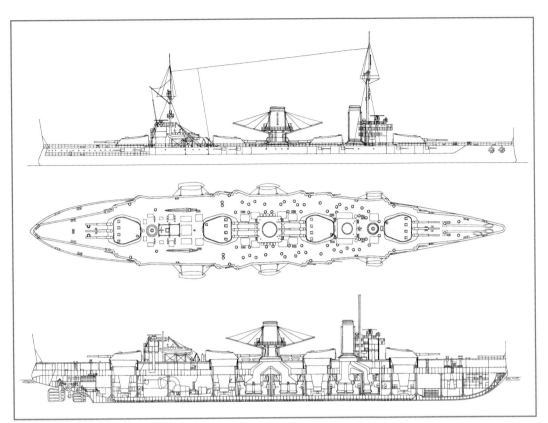

◄ Okręt liniowy typu *Sewastopol*: widok z boku, widok z góry, przekrój wzdłużny

◄ *Russian Sebastopol-Class battleship in elevation, top view and longitudinal cross section*

szczestwo Nikołajewskich Zawodow i Wierfiej (Spółka Nikołajewskich Fabryk i Stoczni), w skrócie ONZiW. Druga, Spółka Akcyjna Rosyjskiego Budownictwa Okrętowego (Russkoje sudostroitielnoje akcjoniernoje obszczestwo) — Russud — dopiero była tworzona na przekazanym w dzierżawę terytorium byłej nikołajewskiej państwowej Stoczni Admiralicji.

Sporządzono od nowa wytyczne projektowe czarnomorskich pancerników, które 30 lipca 1910 roku zatwierdził minister morski, S. A. Wojewodski. W stosunku do specyfikacji bałtyckich rzucało się w oczy ograniczenie prędkości okrętów do 20,5 węzła (co prawda z zastrzeżeniem możliwości forsowania do 22 węzłów). Przyczyną mogła być wprowadzona do projektu rezerwa konstrukcyjna na wypadek, gdyby zapadła decyzja o przezbrojeniu pancerników czarnomorskich w działa kalibru 356 mm zamiast dotychczasowych kalibru 305 mm. Niezależnie od rzeczywistego powodu, najnowsze czarnomorskie drednoty uległy staremu fatum, które kazało wszystkim kierowanym na ten akwen okrętom odzna-

Because of the provision, that the Black Sea Dreadnoughts be copied from the Baltic ones, the Baltic Shipyard in Petersburg proposed to refrain from making a special design for the Black Sea battleships and build them strictly by the *Sebastopol*-Class patterns. The shipyards of Petersburg, the Baltic Yard and the Admiralty Yard, were in the late stages of construction of the four *Sebastopol*-Class battleships and offered to built two more, out of the three ordered for the Black Sea Fleet. They had accumulated copious experiences in their designing, technology, had established ties with the suppliers of various systems to be installed in them, and were able to draw on that capital in construction of the new ships.

In the end however, it was decided otherwise. Despite all the advantages of the Petersburg state shipyards offer, their ability to build faster a proved design they already knew and mastered, and their already proven quality of the product, the Sea Ministry wanted to draw the private capital and industry into the picture and bol-

◄ Pancernik typu *Impieratrica Maria*. Rysunek z informatora „Rossijskij impieratorskij flot. 1913 god" („Rosyjska cesarska flota. 1913")

◄ *Russian Imperatritsa Maria-Class battleship. Drawing from the "Rossiyskiy imperatorskiy flot 1913 god" ("Imperial Russian Fleet, 1913")*

▲ Ceremonia uroczystego położenia stępki liniowego okrętu *Impieratrica Jekatierina II* w stoczni
ONZiW. 11 czerwca 1911 roku

▲ Keel-laying ceremony of the
Imperatritsa Yekaterina II battleship at the ONZiV shipyard, on June 11, 1911

czać się prędkością o 2 węzły mniejszą w stosunku do pancerników bałtyckich. Inne cechy nowych okrętów odbiegały jednak od pierwowzoru w górę. Grubość opancerzenia wież niemal się podwoiła, z 200 do 350 mm, kąt podniesienia dział wzrósł z 25° do 30°. Kaliber artylerii średniej, początkowo ustalony na 102 mm, został potem zwiększony do 130 mm. Wysokość wolnej burty należało wybrać z uwzględnieniem warunków pływania po Morzu Czarnym.

Podobnie jak w bałtyckich okrętach, kadłuby oprócz zwyczajnej stali okrętowej były budowane ze stali o podwyższonej (granica wytrzymałości 50 kg/mm^2) i dużej (60–78 kg/mm^2) wytrzymałości.

W styczniu 1911 roku, dzięki inicjatywie głównego inspektora budownictwa okrętowego, N. N. Puszczina, pojawiła się szansa powrotu do odłożonej na bok w trakcie prac projektowych bałtyckich drednotów idei zastosowania siłowni wysokoprężnych. Ustawienie silników dieslowskich zamiast turbin i kotłów pozwalało (dzięki zmniejszeniu wyporności o 3000 t) na zastosowanie dział kalibru 356 mm lub zainstalowanie piątej wieży z działami 305 mm, co podniosłoby ich liczbę do piętnastu. Przemysł był już tym razem w stanie zapewnić dostawę odpowiedniej siłowni wysokoprężnej — Zakłady Kołomieńskie kończyły prace nad konstrukcją silnika o mocy 1000 KM, natomiast niemiecka stocznia Blohm und Voss była gotowa (w przypadku przyjęcia jej projektu) dostarczyć diesle o mocy 2500 KM.

Nowy naczelnik MGSz — A. A. Eberhard — w lutym 1911 roku zażądał zwiększenia szybkości do 23 węzłów, lecz wypowiedział się przeciwko podniesieniu pokładu dziobowego, proponując w zamian w celu zwiększenia dzielności morskiej zwiększenie kąta rozchylenia dziobowych wręg oraz sprawdzenie w basenie próbnym efektu wzniesienia pokładu w części dziobowej. Pierwszym krokiem do urzeczywistnienia tego rozwiązania (zrealizowanego we flocie radzieckiej dopiero w latach 1950.!) było nieduże, prostoliniowe podniesienie pokładu od pierwszej wieży do stewy dziobowej na wysokość 0,6 m. Propozycja ta nie rozwiązała problemu dzielności morskiej: po pierwszym pływaniu w sztormie *Impieratricy Marii* A. A. Eberhard (dowodzący w tym czasie Flotą Czarnomorską) stwierdził, że „w czasie marszu pod wiatr dziobowa wieża jest cała w bryzgach od fal". Przejrzawszy — poniewczasie — na oczy, wystąpił z propozycją, aby chociaż czwarty czarnomorski pan-

ster the Navy build-up program that way. Both battleships and other vessels voted for the Black Sea Fleet were ordered from the private shipyards. One of these was built in 1897, and accumulated some experience in warships building. Two series of destroyers, turrets and engines for the later infamous for the 1905 mutiny *Knyaz Potemkin-Tavrichesky* battleship were built there, as well as many port authority and civilian vessels. This shipyard belonged to a multi-faceted concern, the Nikolayevsk Industrial and Shipbuilding Company, called in Russian the Obschchestvo Nikolayevskikh Zavodov i Verfi (the ONZiV). The other one, Russian Shipbuilding Stock Company (Russkoye Sudostroitelnoye Aktsonernoe Obschchestvo, the Russud) has just been originated on the leased premises of the former Nikolayevsk state Admiralty Shipyard.

Both shipyards set about doing their own designing, approved on July 30, 1910 by the Sea Minister S. A. Voyevodsky. Design specifications differed from the Baltic designs in small details — one of these was the flank speed reduced to 20.5 knot (though with the ability to reach a maximum speed of 22 knots, a projected flank speed for the Baltic Dreadnoughts). This may have been caused by the other designing option — that of fitting the 356 mm guns instead of 305 mm as the main battery for the Black Sea battleships — but the fact remains, that the new Black Sea battleships were subject to the same hoary (and unexplained) curse, according to which the Black Sea ships were slower by ca. 2 knots than their Baltic counterparts. Some design features however were improved over the Baltic design. The turret armor almost doubled, from 200 to 350 mm, the angle of tube elevation for the Black Sea turret was increased from 25° to 30°. The secondary battery caliber was increased from the Baltic ships 102 mm (4-in.) to 130 mm (5.1-in.). The freeboard height was to be set according to the Black Sea navigational conditions. The hulls were to be constructed from the ordinary, as well as increased strength (50 kg/mm^2) and high-strength (60–78 kg/mm^2) steels.

In January 1911, on Shipbuilding General Inspector N. N. Pushchin's initiative, the idea of Diesel propulsion for the new battleship, rejected for the Baltic Dreadnoughts due to lack of suitable engines, was revived. By substituting Diesels instead of boilers and steam turbines battleships were gaining 3000 tonnes of displacement reserve — enough to increase the main battery caliber to 356 mm or even fit another, fifth main battery turret, increasing the main battery to the astonishing fifteen 305 mm guns. This time the industry was totally capable of supplying Diesels powerful enough. The Kolomensk Works were already turning out Diesels capable of 1000 metric HP, while the German Blohm & Voss Yard offered their 2500 metric HP naval Diesels.

The new head of the MGSh, Vice Admiral A. A. Eberhard, reviewed the specification in February of 1911, stipulating that the maximum speed be increased to 23 knots, but objecting the pronounced forecastle. His recipe for an increased seaworthiness of the ship was to widen the frame bevel and lift the prow deck. After testing that on a model dragged in a basin, no modifications were made to the bow frames, and the bow deck was lifted by a mere 0.6 m from the stem to the Nr.1 (A) turret. It took 40 years to implement Admiral Eberhard's proposition, which by the 1950s became a standard for the Soviet Navy designs.

cernik „miał dziób wyższy o jeden pokład, z uniesieniem dziobowej wieży".

Wraz z prostoliniowym gładkim pokładem w projekcie pozostały inne, równie wątpliwe rozwiązania: potężna, dwumetrowa skrzynia kilowa, liniowe rozmieszczenie wież artylerii głównej na jednym poziomie, brak rezerwy wyporności na modernizację, minimalna obrona przeciwtorpedowa. Całe to powolne opracowywanie zadania technicznego trzeba było przyspieszyć z powodu otrzymanych w kwietniu 1911 roku informacji, że Turcy najprawdopodobniej zamówili w Anglii dwa pancerniki uzbrojone w działa kalibru 343 mm. Przekazując te informacje, A. A. Eberhard obawiał się, że dalsze opóźnianie sprawy budowy czarnomorskich drednotów może doprowadzić do powtórzenia wypadków z 1904 roku, kiedy Japonia, wykorzystując tymczasową przewagę z powodu braku gotowości pięciu budowanych pancerników typu *Borodino*, wywołała zwycięską dla siebie wojnę. Oprócz tego admirał przewidywał, że w celu przeciwdziałania nowym tureckim pancernikom potrzeba nie trzech, lecz czterech okrętów, z tego dwóch — natychmiast. Te dwa okręty wraz z brygadą starych pancerników, predrednotów Floty Czarnomorskiej, dysponując łącznie trzydziestoma sześcioma działami kalibru 305 mm przeciwko dwudziestu działom kalibru 343 mm, mogłyby zapewnić przetrwanie Floty Czarnomorskiej do chwili zakończenia budowy dwóch pozostałych okrętów, które obowiązkowo należało już uzbroić w artylerię kalibru 356 mm.

W tak nerwowej atmosferze na myślenie o optymalnych rozwiązaniach nie było już czasu. Przerwano rozważania nad siłownią wysokoprężną, systemem zbiorników balastowych tłumiących przechyły, proponowanym przez stocznię Blohm und Voss, nad kalibrem dział artylerii głównej, nad postulowanymi przez Morski Komitet Techniczny działami artylerii średniej kalibru 140 mm. Nie rozpatrywano także na poważnie wypowiedzianego przez nowego szefa MGSz (w specyfikacji z 22 maja 1911 roku) postulatu wprowadzenia odmiennego układu wież artylerii głównej na różnych poziomach. Sam postulat zresztą sformułowany został w sposób, który do tego prowokował („gdyby się udało", to byłoby „całkiem pożyteczne"). Specyfikacja w istotnych punktach pozostała bez zmian w stosunku do ustalonej w 1910 roku. Czarnomorskie pancerniki miały być tego samego typu konstrukcyjnego, co bałtyckie drednoty, od których jednak odróżniały je grubsze opancerzenie (główny pas burtowy — 262,5 mm) i zmniejszona do 21 węzłów prędkość maksymalna. Wyniki rozpisanego w czerwcu 1911 roku przetargu na budowę były z góry łatwe do przewidzenia. Pierwszeństwo zostało oddane projektowi Russuda, który „za pozwoleniem" Ministerstwa Morskiego prowadziła grupa inżynierów okrętowych w służbie czynnej. Oni też kontynuowali dalsze prace w stoczni: pułkownik L. L. Kromaldi — jako główny inżynier okrętowy Russuda, kapitan M. I. Sasinowski (później w PMW, na stanowisku szefa oddziału nowych budowli Kierownictwa Marynarki Wojennej — przyp. red.) — na stanowisku naczelnika Biura Technicznego, zajmującego się projektowaniem i technologią, podpułkownik[*] R. A. Matrosow — jako jeden z nadzorujących inżynierów. Ostatecznie Russud uzyskał zamówienie na dwa okręty; budowę trzeciego (według jego planów) zlecono ONZiW.

11 czerwca 1911 roku, jednocześnie z ceremonią oficjalnego położenia stępki, nowym okrętom nadano na-

The seaworthiness of the *Imperatritsa Maria* was not improved by the lifting of the deck. After the first storm on board the *Maria*, Admiral Eberhard, then a Black Sea Fleet commander, wrote, that "steaming into the wind, the front turret is constantly flooded by the wave splashes" and pleaded that "at least the fourth of the battleships be fitted with a forecastle, including lifting the Nr.1 turret by one deck".

Apart from the straight-line flush-deck, other, equally dubious solutions were preserved. The ship had a huge, almost 2 m wide box keel, all turrets arranged in-line, no design margin for improvements, and lacked torpedo defense worthy of a name. All of that time-consuming process of re-designing the already designed battleship, had to be put on the increased pace, after in April 1911 the intelligence reported, that two of the Turkish-ordered British-built battleships were to be armed with the 343 mm guns. Reporting the news, Admiral Eberhard warned that a further delay would lead to a situation already tested in 1904, when Japan took advantage of the snail-pace of the *Borodino*-Class battleships construction and fostered a victorious war against Russia. Admiral also wrote, that to counter the increased threat, four instead of the three Dreadnoughts would be needed in the Black Sea, of which two are indispensable immediately. Those two ships would co-operate with the Battleship Brigade of the older pre-Dreadnought Black Sea Fleet battleships, bringing to bear altogether thirty six 305 mm guns against twenty Turkish 343 mm guns. This would be enough, for a short time at least, to protect the two other battleships then under construction, that should be re-armed with 356 mm guns.

In this tense situation there was no longer time to consider all the bells and whistles to be put on the battle-

* Stanowiska techniczne w rosyjskiej marynarce wojennej obsadzano oficerami, którzy posiadali stopnie takie, jak w armii.

▼ Podpisanie protokołów położenia stępki pod okręty liniowe *Impieratrica Maria* i *Impierator Aleksandr III* w stoczni Russud. 11 czerwca 1911 roku

▼ *Signing of the keel-laying minutes at the Russud shipyard, after keel-laying ceremonies of the battleships Imperatritsa Maria and Imperator Alexandr III, on June 11, 1911*

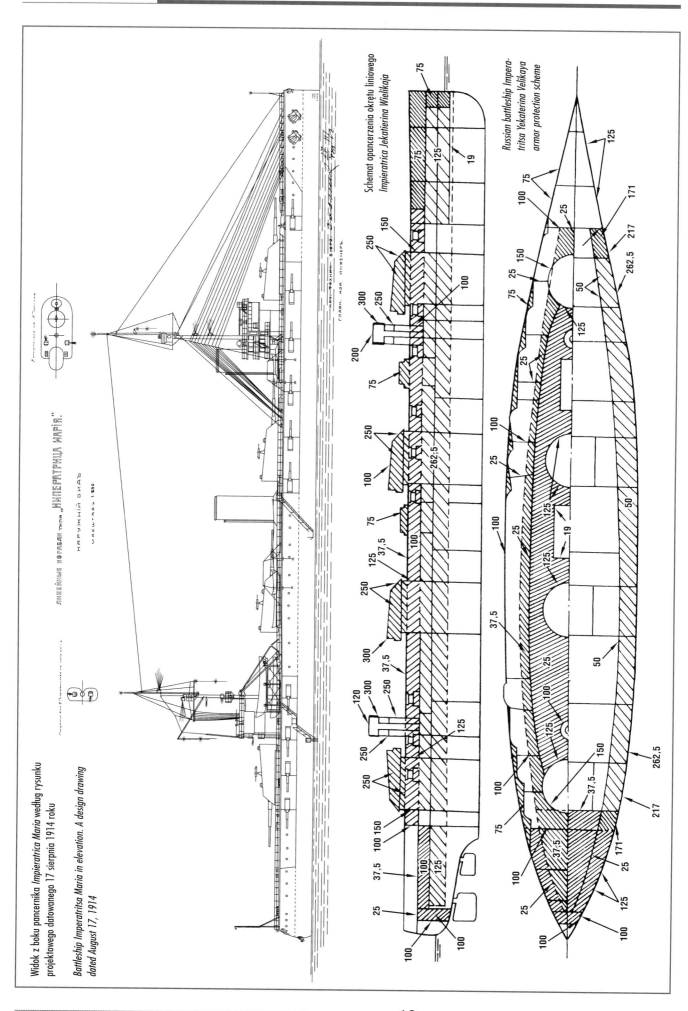

Widok z boku pancernika *Impieratrica Maria* według rysunku
projektowego datowanego 17 sierpnia 1914 roku

*Battleship Imperatrisa Maria in elevation. A design drawing
dated August 17, 1914*

Schemat opancerzenia okrętu liniowego
Impieratrica Jekaterina Wielikaja

*Russian battleship Impera-
tritsa Yekaterina Velikaya
armor protection scheme*

ЛИНЕЙНЫЕ КОРАБЛИ типа „ИМПЕРАТРИЦА МАРІЯ".

НАРУЖНЫЙ ВИДЪ

МАСШТАБЪ 1:250

НАЧ. ТЕХНИЧ. БЮРО
ГЛАВН. КОР. ИНЖЕНЕРЬ.

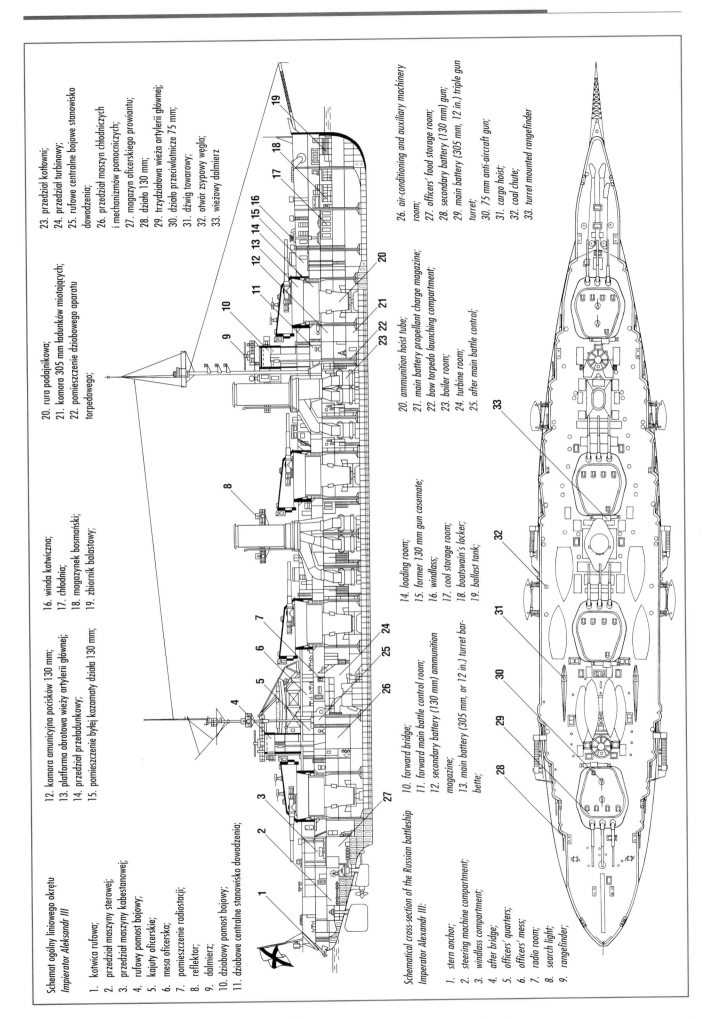

Schemat ogólny liniowego okrętu
Imperator Aleksandr III

1. kotwica rufowa;
2. przedział maszyny sterowej;
3. przedział maszyny kabestanowej;
4. rufowy pomost bojowy;
5. kajuty oficerskie;
6. mesa oficerska;
7. pomieszczenie radiostacji;
8. reflektor;
9. dalmierz;
10. dziobowy pomost bojowy;
11. dziobowe centralne stanowisko dowodzenia;
12. komora amunicyjna pocisków 130 mm;
13. platforma obrotowa wieży artylerii głównej;
14. przedział przeładunkowy;
15. pomieszczenie byłej kazamaty działa 130 mm;
16. winda kotwiczna;
17. chłodnia;
18. magazynek bosmański;
19. zbiornik balastowy;
20. rura podajnikowa;
21. komora 305 mm ładunków miotających;
22. pomieszczenie dziobowego aparatu torpedowego;
23. przedział kotłowni;
24. przedział turbinowy;
25. rufowe centralne bojowe stanowisko dowodzenia;
26. przedział maszyn chłodniczych i mechanizmów pomocniczych;
27. magazyn oficerskiego prowiantu;
28. działo 130 mm;
29. trzydziałowa wieża artylerii głównej;
30. działo przeciwlotnicze 75 mm;
31. dźwig towarowy;
32. otwór zsypowy węgla;
33. wieżowy dalmierz

Schematical cross-section of the Russian battleship *Imperator Alexandr III*:

1. stern anchor;
2. steering machine compartment;
3. windlass compartment;
4. after bridge;
5. officers' quarters;
6. officers' mess;
7. radio room;
8. search light;
9. rangefinder;
10. forward bridge;
11. forward main battle control room;
12. secondary battery (130 mm) ammunition magazine;
13. main battery (305 mm, or 12 in.) turret barbette;
14. loading room;
15. former 130 mm gun casemate;
16. windlass;
17. cool storage room;
18. boatswain's locker;
19. ballast tank;
20. ammunition hoist tube;
21. main battery propellant charge magazine;
22. bow torpedo launching compartment;
23. boiler room;
24. turbine room;
25. after main battle control;
26. air-conditioning and auxiliary machinery room;
27. officers' food storage room;
28. secondary battery (130 mm) gun;
29. main battery (305 mm, 12 in.) triple gun turret;
30. 75 mm anti-aircraft gun;
31. cargo hoist;
32. coal chute;
33. turret mounted rangefinder

▲ Ustawianie klatek podkilowych do montażu kadłuba okrętu liniowego *Impierator Aleksandr III* na pochylni nr 2 stoczni Russud. Październik 1911 roku

▲ Keel stands for the *Imperator Alexandr III* battleship hull construction being placed on the Number 2 slipway at the Russud shipyard, October of 1911

* Note that in the Russian Navy technical posts were staffed by the officers in land ranks — only the sea-going, base and staff line officers wore their stripes on their sleeve.

zwy: *Impieratrica Maria, Impierator Aleksandr III* oraz *Impieratrica Jekatierina II* (od 14 czerwca 1915 roku — *Impieratrica Jekatierina Wielikaja*). W związku z postanowieniem, że pierwszy okręt będzie pełnił rolę flagowego, czarnomorskie drednoty, decyzją ministra morskiego, I. K. Grigorowicza, rozkazano nazywać okrętami typu *Impieratrica Maria*.

Konstrukcja kadłuba i układ opancerzenia w zasadzie odpowiadały projektowi bałtyckich drednotów, ale zwiększono grubość jego płyt: głównego pasa burtowego z 225 do 262,5 mm, ścianek bocznych pomostów bojowych z 250 do 300 mm, ich dachów z 125 do 200 mm, skosu pokładu pancernego z 25 do 50 mm, itd. Odstęp wzdłużnej grodzi od burty (w maksymalnej szerokości przy oble) z 3,4 m zwiększono na *Impieratricy Marii* do 3,5 m, a na *Impieratricy Jekatierinie II* — do 3,8 m. Z 860,6 t przeciążenia, spowodowanego pozakontraktowymi wymaganiami Ministerstwa Morskiego, na pancerz przypadło około 498,6 t. Jego ogólna masa wyniosła na *Jekatierinie II* 7044,6 t.

Okręty budowane przez stocznię Russud wyposażono w 18 głównych grodzi wodoszczelnych, na *Jekatierinie II* było ich o trzy więcej. Na śródokręciu (odpowiednio wręgi 25–118 i 27–120) grodzie dochodziły do środkowego pokładu, na dziobie i rufie do pokładu górnego. Na odcinku pomieszczeń pod wieżami (oprócz rufowego) było montowane trzecie dno, w pozostałych partiach kadłuba, na jego poziomie i na całej długości przechodziła belka kilowa w postaci skrzyni o wysokości 2 m i szerokości 1,38 m, obliczona na postawienie okrętu w suchym doku „sposobem maltańskim", czyli na stępce, bez klatek podkilowych. Wykorzystywano ją również dla przedmuchu pomocniczych mechanizmów i spuszczania gorącej wody. Przydenne pasy zewnętrznego poszycia na śródokręciu składały się z arkuszy grubości 14 mm, burtowe (pod pancerzem) — od 15 do 16 mm (ze stali o podwyższonej wytrzymałości), na dziobie i rufie — 12 i 13 mm. Na górnym pokładzie, na płytach 37,5 mm pancerza było położone poszycie z desek sosnowych o grubości 50 mm. Poprzeczna wysokość metacentryczna, wynosząca według specyfikacji 1,76 m, faktycznie wynosiła 1,66 (*Impieratrica Jekatierina II*).

Turbiny najnowszego morskiego typu Parsonsa, obliczone na osiągnięcie prędkości 21 węzłów, ich mechanizmy pomocnicze, wały napędowe i pochwy wałów dostarczała, zgodnie z kontraktem podpisanym z Russudem, brytyjska firma John Brown (Clydebank).

ships. There was no further discussion over the Diesel powerplant, the Blohm & Voss proposed stabilizing ballast tanks, main battery caliber, nor the Sea Technical Committee proposed 140 mm secondary battery guns. The new Sea General Staff specification of May 22, 1911, stipulating the staggered turrets arrangements in very uncertain wording („it would be quite advantageous"… „if such arrangement would be possible") shared this fate. The technical specification was generally reverted to the 1910 state of the affairs. The Black Sea battleships were to be of the same class as the Baltic ones, with the reinforced armor (main side belt to 262.5 mm), but slower (still 21 knots). The outcome of the June 1911 tender to build the battleships was clear for everyone to foresee — Russud, led ("by special appointment of the Sea Ministry") by the active service Naval engineers, took the order for the two battleships, and the ONZiV took the order for the third, to be built according to the Russud specification. This was to be prepared by Col. L. L. Kromaldi as the chief shipbuilding engineer of the company, Cpt. M. I. Sasinovskiy as head of the Technical Bureau (later to command the Polish Navy Base Building Program), and Lt.Col.* R. A. Matrosov as the supervising engineer.

On June 11, 1911 after the keels were laid for the new battleships, they were given their names: *Imperatritsa Maria, Imperator Alexandr III* and *Imperatritsa Yekaterina II* (as of June 14, 1915: *Imperatritsa Yekaterina Velikaya*). The Sea Minister I. K. Grigorovich ordered that the first of the Black Sea Dreadnoughts was to serve as a fleet flagship, and accordingly the class was called after her — the *Imperatritsa Maria*-Class.

The hull design and armor layout were generally copied from the Baltic Dreadnoughts, but the armor protection was reinforced: the main side belt thickness rose from 225 to 262.5 mm, conning towers side armor rose from 250 to 300 mm, their roofs were reinforced from 125 to 200 mm, the sloping armor of the lower deck was doubled, from 25 to 50 mm. Distance between the longitudinal bulkhead and the side (at the point of maximum width, at the turn of the bilge) rose from 3.4 to 3.5 m on *Imperatritsa Maria*, and even to 3.8 m on *Imperatritsa Yekaterina II*. Of the 860.6 tonnes of the excessive weight resulting from the Sea Ministry changes, 498.6 t went into armored protection. The overall weight of the armor reached as high as 7044.6 t on *Imperatritsa Yekaterina II*.

The Russud-built battleships had 18 main transverse watertight bulkheads, while the *Imperatritsa Yekaterina II* had three more. At the midsection (accordingly frames 25 to 118 and 27 to 120), the bulkheads reached up as high as the main deck, while at the bows and stern bulkheads were reaching to the upper deck. Along the hull, under the turret barbettes (except for the Nr.4 (Y) turret), the triple bottom was fitted, reaching to the bottom of the massive keel box, 1.38 meters wide by 2 m high. Thanks to the box keel the battleship could be set in the dry dock immediately on her bottom (what the Russians call "the Maltese way"), without the need of the keel stands. The huge keel box was also used to blow the auxiliary machinery and for hot water draining. The bottom strakes under the amidships were 14 mm thick, the side strakes (under the armor belt) 15 to 16 mm increased strength steel, bows and stern strakes were 12 to 13 mm thick. The main deck had a 50 mm thick pinewood layer over the 37.5 mm thick deck armor. The

Dwadzieścia wodnorurkowych kotłów typu Yarrow (wykonanych w charkowskiej Fabryce Budowy Lokomotyw), obliczonych na ciśnienie pary 17,5 kg/cm^2, zasilało turbiny pracujące na cztery wały z mosiężnymi śrubami napędowymi o średnicy 2,4 m (prędkość obrotowa przy szybkości 21 węzłów wynosiła 320 obr./min.). Powierzchnia części grzewczej kotłów wynosiła 6800 m^2, rusztów — 120 m^2. Rurki wodne o średnicy 44,454 mm miały grubość ścianek 4,9 mm (w rzędach najbliższych paleniska) i 3,65 mm (pozostałe). Kotły mogły być opalane zarówno węglem, jak i ropą z rosyjskich złóż. Podczas trwającej 12 godzin próby na pełnej mocy („przy ilości obrotów odpowiadającej szybkości 21 węzłów") miały zapewnić zużycie węgla nie większe niż 0,8 kg/KM/h. Intensywność spalania (przy ciśnieniu powietrza nie większym niż jeden cal słupa wodnego) nie powinna przewyższać 180 kg/m^2 rusztu w ciągu 1 godziny. Przy mieszanym opalaniu kotłów podczas prób pełnej mocy w czasie czterech godzin, zużycie paliwa (40% ropy) powinno odpowiadać takiej samej intensywności spalania. Próby należało przeprowadzać przy świeżo pomalowanej podwodnej części kadłuba i zanurzeniu zgodnym z przewidzianym w rysunku teoretycznym.

Sumaryczna moc elektrowni okrętowej (sześć generatorów trójfazowego prądu zmiennego o napięciu 220 V) wynosiła 1840 kW.

Na *Impieratricy Marii* były zainstalowane cztery reflektory o średnicy 90 cm i dwa — 120 cm, a na *Impieratricy Jekatierinie II* — sześć 90 cm. Na okrętach zamontowano radiostacje o mocy 2 i 10 kW.

Dla trzech wciąganych kotwic systemu Halla (w tym jednej rufowej) o wadze po 8 t przewidziane były łańcuchy kotwiczne o podziałce 767 mm i długości: dwa po 150 morskich sążni (274 m) i jeden 100-sążniowy (183 m). Okręty miały po dwa kutry parowe, wykonane na wzór przeznaczonych dla pancernika *Cesarewicz*, dwa kutry motorowe (o wyporności 10,7 t, szybkość 20 węzłów), cztery 20-wiosłowe barkasy (dwa z nich z dodatkowym silnikiem), po dwie sześciowiosłowe jole i welboty oraz dwie korkowe tratwy systemu Kepkego (o długości 5,6 m). Na *Impieratricy Jekatierinie II* dla wygody spuszczania na wodę przy pomocy dźwigu, wszystkie szalupy były w pozycji marszowej mocowane dziobem w kierunku rufy okrętu.

transverse metacentric height, specified at 1.76 m, was in fact only 1.66 m (on *Imperatritsa Yekaterina II*).

Turbines for the battleships, of the most modern British naval type Parsons turbines, calculated to give the ship 21 knots, the auxiliary machinery, propeller shafts and stern tubes were contracted from the British John Brown Company of Clydebank.

Twenty water-tube Yarrow type boilers (made at the Kharkov Railroad Engine Factory), were giving steam under up to 17.5 kg/sq.cm pressure to the turbines, turning four shafts with brass propellers of 2.4 m diameter each. It took 320 rpm to propel the ship at 21 knots. The heating surface of the boilers was 6800 sq.m., with 120 sq.m. of the fire grates. Thickness of the 44.454 mm in diameter water-pipes was 4.9 mm in the bottom rows, closest to the fire grates, and 3.65 mm in other rows. The boilers were to be fed with the both the coal and the coal and oil from the Russian wells mixture. The specified coal consumption for the 12 hours full-power test ("with revolutions for the 21 knots") should not exceed 0.8 kg per metric HP per hour. The burning rate (at low air pressure) should not exceed 180 kg per 1 sq.m. of the firegrate. In a four hours full-power test, with boilers fed the coal-oil mix (40% oil), the mixed fuel consumption should be equal, at the same burning rate. The tests were to be conducted with the bottom freshly painted, and draught specified by the theoretical drawing.

The combined output of the ship's electricity plant (six 220V three-phase variable current generators) was 1840 kW.

The *Imperatritsa Maria* had four 900 mm searchlights and two 1200 mm ones, while the *Imperatritsa Yekaterina II* — six 900 mm searchlights. Both ships had 2 and 10 kW radio stations.

The three Hall-type anchors (two up front, one at the stern), each 8 tonnes heavy, had anchor chains of 767 mm pitch, two 274 m and one 183 m long. Each of the ships had two steam powerboats, patterned after the ones made for the *Cesarevich*-Class battleships, two motorboats (displacing 10.7 t, capable of 20 knots), four 20-oars cutters (two with auxiliary motor), two each of six-oars whaleboats and dinghies, and two Kepke cork rafts (5.6 m long). The *Imperatritsa Yekaterina II* had all her boats stored bows astern, for the ease of davit operation.

Projektowe dane taktyczno-techniczne pancerników czarnomorskich i bałtyckich			
	Typ *Impieratrica Maria*	Typ *Sewastopol*	
UZBROJENIE			ARMAMENT
Artyleryjskie (ilość dział / kal. [mm])	12 / 305, 20 / 130	12 / 305, 16 / 120	Artillery (quantity / caliber of the guns in mm)
Torpedowe (ilość aparatów torpedowych / kal. [mm])	4 / 450	4 / 450	Torpedoes (quantity / caliber in mm)
PANCERZ [mm]			ARMOR [mm]
główny pas burtowy	262,5	225	Main side belt
pokłady (górny / środkowy / dolny)	37 / 25 / 25	37 / 25 / 25	Decks (upper / main / lower)
DANE KONSTRUKCYJNE:			CONSTRUCTION DATA:
Wyporność normalna [t]	22.600	23.000	Displacement, normal [tonnes]
Główne wymiary:			Main measurements [m]:
długość na linii wodnej [m]	168,00	181,20	length at the waterline
szerokość wraz z pancerzem [m]	27,36	26,90	width, incl. armor
zanurzenie [m]	8,36	8,30	draught
Prędkość [węzły]	21	23	Speed [knots]
Moc turbin [KM]	26.000	42.000	Turbines output [metric HP]
	Imperatritsa Maria-Class	*Sebastopol*-Class	

Comparison of Black Sea and Baltic Dreadnoughts Projected Data

13

Budowa i próby

Construction and tests

Zgodnie z notatką z grudnia 1911 roku zarządzającego sprawami Kolegium Budownictwa Okrętowego kapitana 1 rangi (kmdr) L. A. Kowiesskiego, wartość jednego czarnomorskiego pancernika wynosiła:
- kadłub, mechanizmy, kotły:
  19.179.654 ruble (Russud)
  i 20 mln rs (ONZiW);
- pancerz:
  4.336.746 rs, 60 kop. (Zakłady Iżorskie)
  i 6.337.880 rs, 10 kop. (Zakłady Mariupolskie);
- artyleria: 2.480.765 rs;
- system kierowania ogniem artylerii, radiostacje, tajna sygnalizacja i środki obserwacji: 571.200 rs.

Całkowita wartość okrętu według zamówień Russuda wyniosła 27.658.365 rs, 90 kop., według zamówienia ONZiW — 29.889.345 rs. W cenach z 1918 roku wartość jednego pancernika wzrosła do 40 mln rs.

Zgodnie z kontraktem zawartym przez Ministerstwo Morskie ze stocznią Russud (wstępne zlecenie zostało wydane 20 sierpnia 1911 roku), *Impieratrica Maria* powinna być zwodowana nie później niż w lipcu, a *Impierator Aleksandr III* — w październiku 1913 roku. Zakończenie prac na obu okrętach (zgłoszonych do prób zdawczo-odbiorczych) planowane było na 20 sierpnia 1915 roku, jeszcze cztery miesiące przeznaczano na przeprowadzenie samych prób. Tak krótkie terminy budowy,

According to a December 1911 dated note by the Shipbuilding College caretaker, Captain First Class (Russian for Captain) L. A. Kovessky, the estimated cost of each of the Black Sea Dreadnought was as follows:
- hull, machinery, boilers:
  19.179.654 rubles (Russud)
  and 20 million rubles (ONZiV)
- armor protection:
  4,336,746.60 rubles (Izhorsky Works)
  and 6,337,880.10 (Mariupol Works)
- artillery: 2,480,765 rubles
- fire control apparatus, radio stations, cryptographic gear and observation equipment: 571,200 rubles.

The overall cost of the ship according to the Russud specification was calculated at 27,658,365.90 rubles, and according to the ONZiV specification — 29,889,345 rubles. In 1918 money the price tag rose up to 40 million rubles.

According to the contract signed between Sea Ministry and the Russud (pursuant to the initial order dated August 20, 1911), the ships were to be launched no later than July (*Imperatritsa Maria*) and October (*Imperator Alexandr III*) of 1913. The fitting-out should be completed not later than August 20, 1915 on both ships, then four months were allowed for the trials. To keep such a tight timetable called for a quick pace of the construction, equaling the performance of the most famous Euro-

▼ Okręt liniowy *Impieratrica Maria* — ostatnie minuty na pochylni, 19 października 1913 roku

▼ Battleship *Imperatritsa Maria* — last minutes up the slipways, on October 19, 1913

► Wodowanie okrętu liniowego
Impieratrica Maria

► *Battleship Imperatritsa Maria being launched*

▼ *Impieratrica Maria* na wodzie. W głębi z prawej strony — statek ratowniczy *Czernomor*

▼ *Battleship Imperatritsa Maria already in the water. To right, in the background, a shape of the Chernomor rescue ship can be seen*

nie ustępujące osiągom przodujących europejskich przedsiębiorstw, zostały prawie dotrzymane. Stocznia, kontynuująca swoją budowę, zwodowała *Impieratricę Marię* 6 października 1913 roku. To był dzień wielkiego triumfu Floty Czarnomorskiej, początek jej nowej ery. Wodowanie drednota stało się centralnym wydarzeniem dwóch nadzwyczaj wypełnionych dni 17 i 18 października. Uroczystości w obecności przybyłego ze stolicy ministra morskiego I. K. Grigorowicza i okrętów — krążownika *Kaguł*, jachtu-krążownika *Ałmaz* i kanonierki *Tieriec*, które przypłynęły z Sewastopola, odbywały się według specjalnie opracowanego na tę okazję ceremoniału.

Wieczorem 17 października *Kaguł* i *Tieriec* rzuciły kotwice naprzeciw portu handlowego, zaś *Ałmaz* wpłynął na rzekę Inguł powyżej krytej pochylni Russuda. 18 października o godzinie 10.00 na pochylniach ONZiW odbyła się ceremonia uroczystego położenia stępki czterech turbinowych niszczycieli — *Biespokojnyj, Gniewnyj, Dierzkij* i *Pronzitielnyj* — a później wodowanie dwóch pierwszych z nich*. Po półtorej godziny na pochylniach nikołajewskiej filii Stoczni Newskiej odbyło się położenie stępek okrętów podwodnych *Kit, Kaszalot, Narwal* i kolejnych dwóch turbinowych niszczycieli — *Gromkij* i *Pospiesznyj*. Po zakończeniu tych cere-

pean shipyards. And despite the fact, that the shipyards were being built parallel with the ships, they were almost kept — the *Imperatritsa Maria* was launched on October 19, 1913.

For the Black Sea Fleet it was a day of great triumph, the dawn of the new era. Launching of the new Drednought became a crowning of the two busy days of ministerial activities at the coast of the Black Sea. The ceremonies, held in presence of the Sea Minister I. K. Grigorovich, with the escort of the Fleet's ships: the cruiser *Kagul*, the cruiser-yacht *Almaz* and gunboat *Tierets*, summoned from *Sebastopol*, were going according to a specially devised timetable.

On October 17, in the evening, *Kagul* and *Tierets* dropped anchors opposite the commercial port at Nikolayev, while the *Almaz* steamed up the Ingul River, to take a position upriver from the roof-covered Russud slipways. On October 18, at 1000 hrs, a keel-laying ceremony has been held at the ONZiV slipways for the four turbine destroyers: *Besspokoiny, Gnevny, Derzky* and *Pronzitelny*, followed by the launching of the two former ones. Hour and a half later another keel laying ceremony was held at the Nikolayev filial of the Nevsky Shipyard, for the three submarines — *Kit, Kashalot* and

* Położenie stępki miało charakter symboliczny — kadłuby były już zbudowane na własne ryzyko stoczni, bez oficjalnego zamówienia.

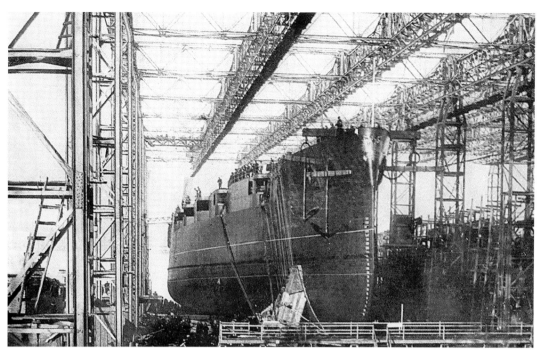

◄ Drugi drednot stoczni Russud, *Impierator Aleksandr III*, przed wodowaniem

◄ Second Russud shipyard's Dreadnought battleship, the *Imperator Alexandr III*, prior to the launching

▲ *Impierator Aleksandr III* po wodowaniu, 2 kwietnia 1914 roku

▲ Battleship *Imperator Alexandr III* upon launching on April 2, 1914

monii okręty przemieściły się bliżej miejsca uroczystości następnego dnia: *Kaguł* na Spasską Redę, a *Tieriec* — na Kompasną. Rankiem 19 października wszystkie okręty na redzie podniosły pełną galę flagową, przy pochylni *Impieratricy Marii* wystawiono wartę honorową nikołajewskiego garnizonu marynarki wojennej z orkiestrą, a na nadbrzeżu Ingułu — wartę honorową wojsk lądowych garnizonu nikołajewskiego, również z orkiestrą i chórem. O godzinie 10.00 rozpoczęło się nabożeństwo, następnie pokropiono święconą wodą przygotowane do podniesienia flagę, banderę i proporzec. Przybyłego na pochylnię I. K. Grigorowicza przywitał dyrektor stoczni, inżynier-technolog N. I. Dmitriew. Minister wszedł na pokład okrętu, przyjął raport jego dowódcy i powrócił do namiotu, ustawionego koło pochylni. Po tym dowódca wydał rozkaz: „na miejsca" i „okręt liniowy *Impieratrica Maria* do wodowania", robotnicy zespołu wodowania wybili kliny i przecięli konopny stoper. Okręt rozpoczął z początku ledwie zauważalny, a następnie coraz bardziej przyspieszający bieg ku wodzie. Wykonawszy skok na progu pochylni w otoczeniu piany i fal, pancernik wypłynął na wody basenu stoczniowego. Rzucono kotwice admiralicji i *Impieratrica Maria*, która zdążyła w trakcie zjazdu podnieść galę flagową, flagę na rufie, banderę, sztandar imperatorski i proporzec, zatrzymała się na środku basenu.

Wiosną następnego roku, 2 kwietnia, został zwodowany drugi pancernik stoczni Russud — *Impierator Aleksandr III*.

Narval — and two more turbine destroyers, the *Gromky* and *Pospeshny*. After that, when the ceremonies planned for that day were over, the ships moved on, closer to the scenes of the main ceremony to be held next day. The *Kagul* went to Spasskaya roadstead, and *Tierets* to the Kompassnaya roadstead.

On October 19, 1913, in the morning, all ships raised full dress. Honor guards were posted at the slipways (Nikolayev Naval garrison with the garrison music), and at the bank of the Ingul River (Nikolayev Army garrison, also with music and choir). At the strike of 1000 hrs, the ceremony begun with the open-air Orthodox mass, then the flags and banners were consecrated. Sea Minister Grigorovich was met at the slipways by the shipyard's manager, N. I. Dmitriev. The Minister boarded the hull, received a report from the skipper, and returned to a tent at the bank of the basin. After the Minister retired to the tent, stops were hammered out and the mighty ship started down the slipways. At the threshold of the slipways she took a slight jump and gracefully entered water, amongst splashes and foam. During the descent full dress was raised on the ship, with the Imperial Banner, Naval St. Andrew's Ensign, and Fleet Flag. Admiralty anchors were dropped from the stern, and the ship gently braked at the center of the yard basin.

A second Russud-built battleship, the *Imperator Alexandr III*, was launched next spring, on April 2, 1914.

Building the third battleship took the OZNiV shipyard a little longer, but as soon as the *Imperatritsa Yekaterina II* freed the slipways on May 24, 1914, keel was laid for the fourth battleship, on the yard's own initiative, without waiting for the signing of the formal contract. The battleship, to be christened the *Imperator Nikolay I*, was to be commissioned in mid-summer of 1917, according to the MGSh plans. With commissioning of the fourth Dreadnought, the formation of the Black Sea Battleship Squadron would be completed.

The coming war forced, against the bad memories of the past, to haste the works by preparing the design drawing parallel with the hull construction. The ability to use the *Sebastopol*-Class as a pattern in reality helped little, if any. The Black Sea Dreadnoughts were similar to, but by no means identical with the Baltic ships. The Russud-built

Stocznia Spółki Nikołajewskich Fabryk i Stoczni (OZNiW, zwanej również Nawal) 24 maja 1914 roku zwodowała pancernik *Impieratrica Jekatierina II* i nie czekając na podpisanie odpowiedniej umowy, 9 czerwca rozpoczęła na opuszczonej pochylni montaż kadłuba czwartego okrętu liniowego, który otrzymał nazwę *Impierator Nikołaj I*. Według planów MGSz wprowadzenie do służby tego okrętu, przewidziane na środek lata 1917 roku, miało zakończyć formowanie brygady drednotów na Morzu Czarnym.

Nadciągająca wojna zmuszała, pomimo smutnego doświadczenia z przeszłości, do opracowywania roboczych rysunków w miarę budowy okrętów. Zakładana możliwość kopiowania rozplanowania wewnętrznego pancerników typu *Sewastopol* niewiele pomagała w pracy: z uwagi na różnice w wymiarach (*Impieratrica Maria* była krótsza o 1,3 m i szersza o 0,4 m) prawie wszystkie rysunki trzeba było i tak wykonać od nowa.

Budowany przez ONZiW pancernik *Impieratrica Jekatierina II* stanowił właściwie odrębny, samodzielny typ — był o 1,47 m dłuższy i o 0,91 m szerszy, a jego

Imperatritsa Maria was 1.3 m shorter and 0.4 m wider — seemingly only slight difference, but enough to render all drawings unusable. The ONZiV-built *Imperatritsa Yekaterina II* was in fact a class of herself — 1.47 m longer, 0.91 m wider, and displacing 1183 tonnes more than the Baltic ships. The planned series-building of battleships proved sheer illusion.

It was more than just lack of the experience in building such huge ships. It was the lack of coordination and supervision, so characteristic of the Russian shipbuilding of the era. Every other day a new "improvement" was introduced into the design of some particular spot, without taking into account the big picture. This practice resulted in serious overweight, more than 800 tonnes beyond the designed displacement envelope. The draught increased by 0.3 m, the bows got a pronounced downward trim, compounded by the thicker skin of the bow section. The sailors were not getting into finer points of the design, and observed that their new ships was "rooting like wild hogs". Fortunately, the raised prow helped to reduce the negative effects of that attitude.

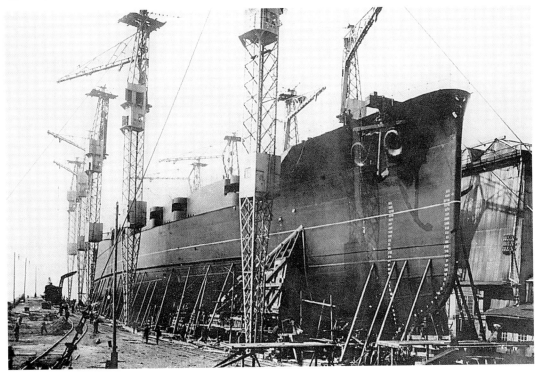

◄ Okręt liniowy *Impieratrica Jekatierina II* na otwartej pochylni stoczni ONZiW, 1914 rok

◄ Battleship *Imperatritsa Yekaterina II* on the open slipways of the ONZiV shipyard, 1914

◄ Okręt liniowy *Impieratrica Jekatierina II* w dniu wodowania

◄ Battleship *Imperatritsa Yekaterina II* on the launching day

wyporność była o 1183 t większa — i również wymagał opracowania od nowa oddzielnych rysunków. Podsumowując, w tych warunkach założenie seryjnej budowy nowego typu pancerników było czystą iluzją.

Powolny przebieg prac nie do końca wynikał z braku doświadczenia stoczni budujących pancerniki, w których po raz pierwszy powstawały tak wielkie okręty. Jedną z ważnych przyczyn była charakterystyczna dla rosyjskiego budownictwa okrętowego mnogość udoskonaleń wprowadzanych w trakcie budowy, bez konsultacji z konstruktorami i bez sprawdzenia, jak wpłyną na całość konstrukcji. Ciągłe zmiany w dokumentacji doprowadziły w końcu do przeciążenia, wynoszącego po-

Buying turbines, auxiliary machinery, propeller shafts and stern tubes from the British firm of John Brown in Clydebank was another source of anxiety for the builders. The manufacturer was renowned, but abroad, and distant, while the air in the spring of 1914 smelled of gunpowder rather than flowers. Only by a good chance the turbines were ready in May of 1914, and the *Imperatritsa Maria* managed to get them in time.

Generally speaking, Russian shipyards were hives of activity on that fateful last summer of the old-style Europe. And just then it became clear — that the almost finished battleships will need a comprehensive rework.

Etapy budowy i dane taktyczno-techniczne okrętów liniowych typu *Impieratrica Maria*

	Impieratrica Maria	Impierator Aleksandr III	Impieratrica Jekaterina II	Impierator Nikołaj I
Stocznia	Spółka Akcyjna Rosyjskiego Budownictwa Okrętowego (Russud)		Spółka Nikołajewskich Fabryk i Stoczni (ONZiW)	
Daty:				
zamówienia	11.10.1911	11.10.1911	11.10.1911	2.07.1915
rozpoczęcia budowy	07.1912	08.19 12	20.10.1912	15.01.1915
położenia stępki	17.10.1911	17.10.1911	17.10.1911	15.04.1915
wodowania	19.10.1913	15.06.1915	24.05.1914	5.10.1916
wejścia do służby	28.05.1915	15.06.1917	4.10.1915	nie ukończony
Uzbrojenie:				
artyleria (ilość, kaliber [mm])	12×305, 20×130	12×305, 18×130	12×305, 20×130	12×305, 20×130
torpedowe (ilość, kaliber [mm])	4×450	4×450	4×450	4×450
Opancerzenie [mm]:				
pas na KLW	125 (dziób), 262,5 (śródokręcie), 125 (rufa)			
wieże	125–250			
kazamaty	100			
pomosty bojowe	250–300			
pokłady (górny/środkowy/dolny)	37/25/25			37/75/25
skos dolnego pokładu	25–50			75
gródź wodoszczelna	50			75
Dane konstrukcyjne				
wyporność [t]:				
projektowana	22.600	22.600	23.780	27.300
rzeczywista	23.413	*	24.464	–
główne wymiary [m]:				
długość na KLW	168,00		169,47	182,00
szerokość na KLW	27,36		27,90	28,90
szerokość maks.	27,43		28,07	*
współczynnik wypełnienia (wg specyfikacji)	0,575		0,585	0,585
prędkość maksymalna [węzły]:				
projektowana	21,00			21,00
w próbach	21,5			–
zasięg [Mm]:				
przy prędkości maksymalnej	1640		1680	*
przy prędkości ekonomicznej	2960		3000	*
moc maszyn [KM]:				
projektowana	26.000		27.000	27.300
w próbach	33.200		33.000	–
zapas paliwa [t]:				
węgiel normalny	1200	1357	1350	*
węgiel pełny	1700	2300	2000	*
ropa	500	420	630	*

Construction Phases and Main Technical Data of the Imperatritsa Maria-Class Battleships

	Imperatritsa Maria	Imperator Alexandr III	Imperatritsa Yekaterina II	Imperator Nikolay I
Shipyard	Russud		ONZiV	
Dates:				
ordering	11.10.1911	11.10.1911	11.10.1911	2.07.1915
construction begun	07.1912	08.1912	20.10.1912	15.01.1915
keel laying	17.10.1911	17.10.1911	17.10.1911	15.04.1915
launching	19.10.1913	15.06.1915	24.05.1914	5.10.1916
commission	28.05.1915	15.06.1917	4.10.1915	not finished
Armament:				
artillery (quantity by caliber [mm])	12×305, 20×130	12×305, 18×130	12×305, 20×130	12×305, 20×130
torpedo (quantity by caliber [mm])	4×450	4×450	4×450	4×450
Armor protection [mm]:				
belt at waterline	125 (bows), 262.5 (amidships), 125 (stern)			
turret	125–250			
casemates	100			
conning tower	250–300			
decks (upper/main/lower)	37/25/25			37/25/25
lower slopes	25–50			75
watertight bulkhead	50			75
Construction Data				
displacement [t]:				
design	22,600	22,600	23,780	27,300
reality	23,413	*	24,464	–
main measurements [m]:				
length at waterline	168.00		169.47	182.00
width at waterline	27.36		27.90	28.90
width maximum.	27.43		28.07	*
filling factor (according to specification)	0.575		0.585	0.585
flank speed [kn.]:				
design	21.00			21.00
in trials	21.5			–
range [nm]:				
at flank speed	1640		1680	*
at economy speed	2960		3000	*
engines output [metric HP]:				
design	26,000		27,000	27,300
tested	33,200		33,000	–
fuel complement [t]:				
coal, normal	1200	1357	1350	*
coal, full	1700	2300	2000	*
oil	500	420	630	*

nad 800 ton. W rezultacie — oprócz zwiększenia zanurzenia o 0,3 m — powstało (zapewne z uwagi na pogrubienie pokładu na dziobie) przegłębienie na dziób. Marynarze, nie przebierając w słowach, powiadali, że ich okręty „ryły jak świnie". Całe szczęście, że chociaż wzniesienie pokładu na dziobie do pewnego stopnia ukrywało ten defekt.

Sporo nerwów kosztowało ulokowanie przez Russud w Anglii zamówienia na turbiny, mechanizmy pomocnicze, wały napędowe i pochwy wałowe. Firma John Brown w Clydebank była renomowanym producentem, ale z Rosji było do niej daleko, a wiosną 1914 roku w powietrzu mocno już pachniało prochem. Tylko dzięki szczęśliwemu zbiegowi okoliczności Impieratricy Marii udało się otrzymać swoje turbiny w maju 1914 roku.

I kiedy już wszystko było prawie gotowe, okazało się, że nowo zbudowane okręty, tak bałtyckie typu Sewastopol, jak czarnomorskie typu Impieratrica Maria, wymagają zasadniczych zmian konstrukcyjnych. W rosyjskich stoczniach od samego początku tego fatalnego roku zawrzała gorączkowa praca.

Konieczność przebudowy wynikała jasno z rezultatów przeprowadzonych po raz pierwszy, niestety bardzo spóźnionych, strzelań próbnych do naturalnej wielkości fragmentu kadłuba pancernika.

Taki fragment, składający się z pancerza burtowego, pokładów pancernych, kazamaty, wewnętrznej konstrukcji ochronnej z pancerną grodzią i pancernego pomostu bojowego, został zbudowany według planów Sewastopola i wmontowany w kadłub wycofanego ze służby pancernika Czesma. Pierwsze strzelania pokazały, że nowe, znacznie udoskonalone pociski burzące kalibru 305 mm, przebijając oba pancerne pokłady i dając mnóstwo odłamków, powodują większe zniszczenia niż pociski przeciwpancerne. Ujawniły się też wady konstrukcyjne burtowego opancerzenia, na które wskazywano już po bitwie pod Cuszimą. Okazało się tam, że nieduże, kładzione wzdłużnie w dwóch rzędach płyty, z uwagi na słabość sztywnego mocowania (podpory za pancerzem mało pomagały) i niewystarczającą ilość śrub pancernych, w razie uderzenia pocisku w krawędź, okręcały się wokół swojej osi i rozrywały położoną za płytą wodoszczelną konstrukcję. Następne uderzenie (a takie przypadki zdarzały się nierzadko), nie przebijając płyty, zrywało ją z mocowań, odsłaniając wrażliwe na ostrzał poszycie. Uwzględniając te doświadczenia, trzeba było zwiększyć wymiary płyt i ustawiać je dłuższą krawędzią pionowo (główny pas składał się z jednego rzędu płyt o wysokości 5,26 m, przez co znacznie zmniejszała się ilość styków), i na całym obwodzie płyty miały sztywne podparcie, co zapobiegało ich obracaniu się w razie trafienia.

Na Impieratricy Marii posunięto się jeszcze dalej, dopasowując szerokość płyt do wielkości odstępu międzywręgowego (1,2 m), w wyniku czego wręgi posłużyły jako dodatkowe wzmocnienie konstrukcji pasa pancernego. Dla wszystkich czarnomorskich drednotów ustalono standardowy wymiar płyt pancernych — 5,26 × 2,44 m. Przy okazji przeprowadzenia próbnych strzelań do Czesmy ujawniła się jeszcze inna wada. Usztywnienie mocowania, chroniąc przed obracaniem płyt, nie przeszkadzało ich ugięciu i przy stosunkowo małej grubości płyt pancernych pocisk, nawet nie przebijając ich, osiągał swój cel: osłona za pancerzem rozrywała się, przebijając poszycie burty, co doprowadzało do przecieku. Pozostawał tylko jeden środek: scalić pas pancerny poprzez powiązanie płyt w taki sposób, aby pocisk nie mógł wcis-

This resulted from the trials, involving a shooting at the natural sized segments of the battleship hull. Such experiments, novel in Russia, were sadly almost belated. For the sake of the experiment, life-sized segments of side armor, casemate, armored deck, inner armored structure complete with an armored bulkhead, and the conning tower constructed according to the Sebastopol-Class specificatios, were installed into a target ship, the pre-Dreadnought battleship Chesma. Immediately the first firing trial showed, that the new model fragmentation grenade for the 305 mm gun is capable of defeating both armored decks, and devastates the internal structure with the shrapnel, inflicting more damage than the armorpiercing grenade. The faults in construction of the side armor, first pointed to nine years ago, after the defeat at Tsushima, were manifesting themselves again. Smallsized armor plates, constituting the side armor strakes, placed in two rows, end-to-end (shorter side to shorter side, or horizontally), were fastened not rigidly enough, with too small a number or armored steel screws. The framework, carrying them proved to help little. If the enemy shell struck at the joint of the plates, they got displaced, and rotating, were damaging the skin behind the armor, despite their failure to defeat the armor. If

▼ Impieratrica Maria podczas prac wykończeniowych

▼ Battleship Imperatritsa Maria being fitted-out

▲ Pancernik *Impieratrica Maria* przy nadbrzeżu wyposażeniowym stoczni

▲ Battleship *Imperatritsa Maria* at the fitting-out berth at the shipyard

◄ Okręt liniowy *Impieratrica Jekatierina II* przy nadbrzeżu wyposażeniowym stoczni ONZiW

◄ Battleship *Imperatritsa Yekaterina II* being fitted-out at the ONZiV shipyard berth

▶ Okręt liniowy *Impieratrica Jekatierina Wielikaja* podczas końcowego etapu prac wyposażeniowych

▶ Battleship *Imperatritsa Yekaterina Velikaya* in the final stage of fitting-out

◀ Załadunek turbiny parowej na okręt liniowy *Impierator Aleksandr III*

◀ *Steam turbine being installed in battleship Imperator Alexandr III*

nąć ich do wewnątrz. Można to było osiągnąć poprzez zastosowanie złożonego technologicznie i drogiego rozwiązania konstrukcyjnego — łączenia klinami na podwójny jaskółczy ogon. Ten sposób miał zostać zastosowany dla wszystkich płyt pancernych pancernika *Impierator Nikołaj I*, który był dopiero w początkowych stadiach budowy. Na pozostałych, ponieważ pancerz był już wykonywany, w celu zmniejszenia deformacji i rozłożenia siły uderzenia pocisku, zastosowano inne rozwiązanie — za pancerzem ułożono dodatkową warstwę drewna, impregnowanego niepalnym roztworem. W tym celu trzeba było przerobić mocnicę pancerza na całej długości kadłuba, dopasować i uszczelnić warstwę drewnianą, od nowa dopasować i umocować stalową osłonę, a następnie pancerz kazamat i burty.

Przerwy w dostawach od kontrahentów i braki zaopatrzeniowe już w listopadzie 1914 roku zmusiły Ministerstwo Morskie do wyrażenia zgody na przesunięcie terminów oddania pancerników do służby: przekazanie

another shell struck the same plate (and that was not so uncommon in a heated battle), the plate was frequently torn away from the framework, exposing the skin. To prevent this from repeating, it was necessary to increase the dimensions of the individual plates, of which strakes were constructed, and place them edge-to-edge (longer side to longer side, or vertically). The new design called for an armored belt consisting of one row of 5.26 m high plates, to minimize the number of joints. The new belt design had also the armored plates rigidly propped up on the framework along the entire length of the circumference. This latter modification was introduced to prevent them from rotating after being hit.

The finished Baltic battleships could only be amended, but on *Imperatritsa Maria* a step further could still be taken. The armor plates were sized so that they fit on the frames (spaced 1.2 meters) and not only were more rigidly fastened, but the frames themselves were reinforcing the armor belt. All Black Fleet battleships were thus

◀ Car Mikołaj II na pokładzie okrętu liniowego *Impieratrica Maria*. Nikołajew, kwiecień 1915 roku

◀ *Tsar Nicholas II on board of the battleship Imperatritsa Maria. Nikolayev, April of 1915*

▲ Okręt liniowy *Impieratrica Maria* opuszcza stocznię

▲ Battleship *Imperatritsa Maria* leaving the shipyard

given the uniformly sized armor plates — 5.26 × 2.44 m. It was not enough, though, to prevent the plates from rotating. The experimental shooting of the revised Baltic Dreadnought armor on the *Chesma* revealed another weak point. Even if the plates were fastened rigidly enough to prevent rotation, they still could be warped, which the relatively thin plate seemed to encourage. Even without the piercing of the plate, enemy shell could thus do it's job, by warping the plate enough for it to damage the inner skin and let the water in. Only one solution was left: consolidate the armor belt by joining the end and edges tightly enough to prevent such occurrences. And the way was devised to accomplish this — the plates were joined by a double dovetailing. It was difficult, and technically troublesome, time was of the essence, and so finally it was decided that only the fourth Black Sea Dreadnought, the never finished *Imperator Nikolay I*, would have all the armored belt plates double dovetailed. On her earlier sisters an easier expedient substituted this sophistication — a layer of wood, fireproof impregnated, was fitted between the armor and the internal skin to prevent excessive deformation and absorb some of the impact. It was necessary to re-build the sheer strakes under the armored belt on the whole length of the hull, adjust and caulk the wooden layer, adjust and fasten the internal armor, casemates and belt plates, but it was deemed worthy of the effort.

After the war broke out in August, shortages started to harass the construction timetable. As early as November of 1914, it was already so bad, that the Sea Ministry had to allow a later date of commission due to supply delays. The *Imperatritsa Maria* was to be commissioned in March–April, 1915, the *Imperatritsa Yekaterina II* in June–July, fitting-out of *Imperator Alexandr III* was postponed to focus on the two more advanced ships.

To quicken the pace of the *Imperatritsa Maria* fitting out, all accessible means and workforce was focused at the shipyard. She was given the 305 mm gun cradles made at the Putilov Works and the turret electro-mechanical equipment ordered for the two other battleships under construction. The work progress reports were sent to the Sea Ministry each week by Rear Admiral A. A. Danilevsky, heading the supervising committee. Deliveries were guarded at Petrograd personally by the head of the Russian Navy's Bureau of Ships (GUK), Vice Admiral P. P. Muravev. When Putilov Works delayed the turret delivery for another week, both the All-Highest Staff (Stavka) and the MGSh were rubbing at the patriotic feelings of the manager in shifts.

Haste and copious difficulties barring the timely finishing of the ships did not make a fitting ambience to undertake optimal decisions. Issue of the bridge architecture was the rare example to the contrary. This was a sole merit of the new skipper, the Captain First Class (Captain) K. A. Porembski (later on, between 1920 and 1925, he held the rank of Vice Admiral as the C-in-C, Polish Navy). After the spacious bridge of the pre-Dreadnought *Rostislav*, he commanded lately, the *Imperatritsa Maria's* conning tower seemed to him a "pathetic mousetrap", as he put it in a report to his superiors. It was the "rationalism to the brim" concept, that backfired so badly. The designers were of opinion, that if the warship has a battle command post, she has all she needs to be led from in all times. There were no means to command these ships from outside the conning tower! Side wings were provided on the bridge for navigation, but

flocie *Impieratricy Marii* planowane było na marzec-kwiecień 1915 roku, *Impieratricy Jekatieriny II* — na czerwiec–lipiec. Dokończenie pancernika *Impierator Aleksandr III* zostało przesunięte na jeszcze bardziej odległy termin, a terminu ukończenia *Impieratora Nikołaja I* w ogóle nie ustalono.

Do maksymalnego przyspieszenia przekazania do służby *Impieratricy Marii* rzucono wszelkie dostępne siły i środki. W porozumieniu z innymi stoczniami, na *Marię* przekazano lawety dział kalibru 305 mm, dostarczone z Zakładów Putiłowskich oraz osprzęt elektromechaniczny wież, zamówiony dla dwóch innych pancerników. Raporty o postępie prac na okręcie co tydzień wysyłał do ministerstwa przewodniczący komisji nadzoru, kontradmirał A. A. Danilewskij, a dostawy w Piotrogrodzie wziął pod swoją kontrolę naczelnik głównego zarządu budownictwa okrętowego (GUK), wiceadmirał P. P. Murawjew. Kiedy Zakłady Putiłowskie opóźniły dostawę wież *Marii* do Nikołajewa, do uczuć patriotycznych ich dyrektora apelowały na zmianę Sztab Głównodowodzącego i MGSz.

Gorączkowe starania o to, by zakończyć budowę mimo panujących trudności, nie sprzyjały podejmowaniu optymalnych decyzji. Rzadkim wyjątkiem było przekonstruowanie pomostów nawigacyjnych *Impieratricy Marii*, o co usilnie zabiegał jej dowódca, kapitan 1. rangi (kmdr) K. A. Porębski[*]. Po przestronnych pomostach *Rostisława*, którego dowództwo dopiero co przekazał, pomosty *Marii* wydawały mu się, jak to ujął w raporcie, „mizernymi pułapkami na myszy". Doprowadzona do skrajności koncepcja racjonalizmu konstrukcji („okrętem wojennym dowodzić należy tylko z pomostu bojowego") pozbawiła okręt wszelkich przyrządów sterowania poza pomostem bojowym. W charakterze tymczasowego stanowiska dowodzenia dowódcy przewidziano składane (żeby podczas bitwy nie przeszkadzały w strzelaniu z dziobowych wież w kierunku rufy) boczne skrzydła pomostu, z których niewiele by pozostało po pierwszych już salwach wieży dziobowej. Podczas niepogody i w cieśninach, podczas mgły i nocą, pomyłki powstałe podczas przekazywania komend głosem na pomost mogły stworzyć dla okrętu niebezpieczną sytuację (co też

* Później, w latach 1920–25, Kazimierz Porębski w stopniu wiceadmirała dowodził Polską Marynarką Wojenną — przyp. red.

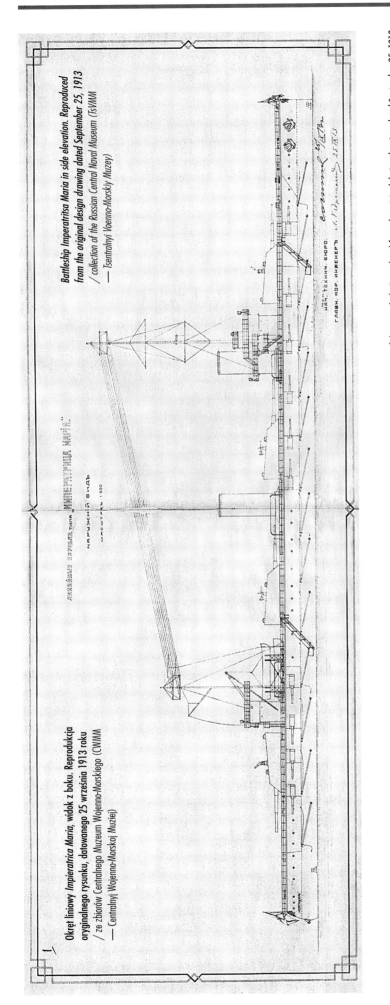

Battleship Imperatritsa Maria in side elevation. Reproduced from the original design drawing dated September 25, 1913 / collection of the Russian Central Naval Museum (TsVMM)
— *Tsentralnyi Voenno-Morskiy Muzey)*

Okręt liniowy *Impieratrica Maria*, widok z boku. Reprodukcja oryginalnego rysunku, datowanego 25 września 1913 roku / ze zbiorów Centralnego Muzeum Wojenno-Morskiego (CWMM)
— *Centralnyj Wojenno-Morskoj Muziej)*

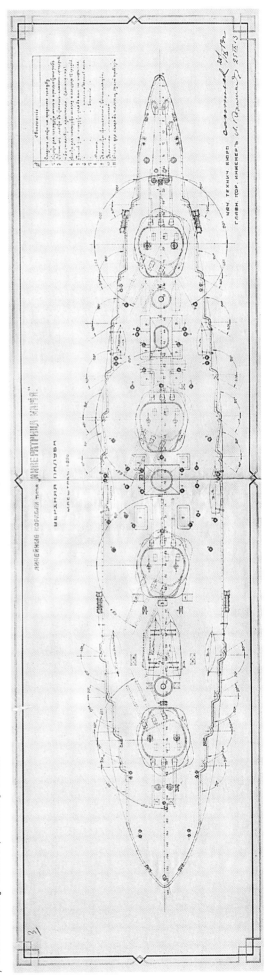

▼ *Battleship Imperatritsa Maria, top view of the main deck. Reproduced from the original design drawing, dated September 25, 1913* / collection of the Central Naval Museum (TsVMM)

▼ **Okręt liniowy *Impieratrica Maria*, plan pokładu górnego. Reprodukcja oryginalnego rysunku, datowanego 25 września 1913 roku** / ze zbiorów Centralnego Muzeum Wojenno-Morskiego (CWMM)

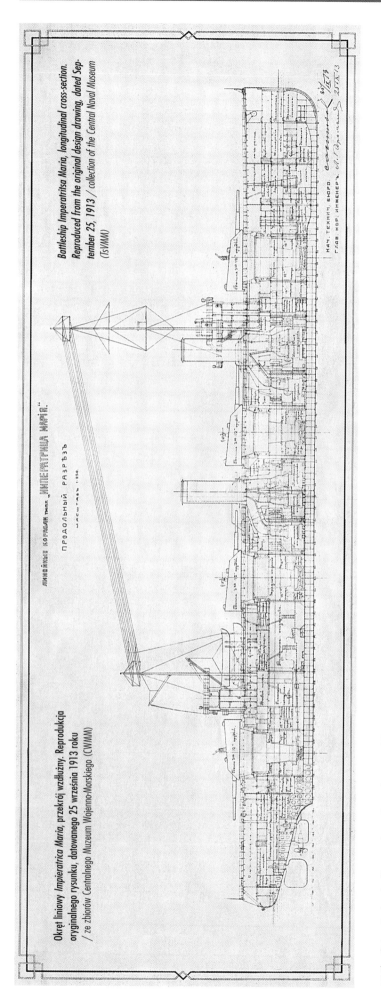

Okręt liniowy *Impieratrica Maria*, przekrój wzdłużny. Reprodukcja oryginalnego rysunku, datowanego 25 września 1913 roku / ze zbiorów Centralnego Muzeum Wojenno-Morskiego (CWMM)

Battleship Imperatritsa Maria, longitudinal cross-section. Reproduced from the original design drawing, dated September 25, 1913 / collection of the Central Naval Museum (TsVMM)

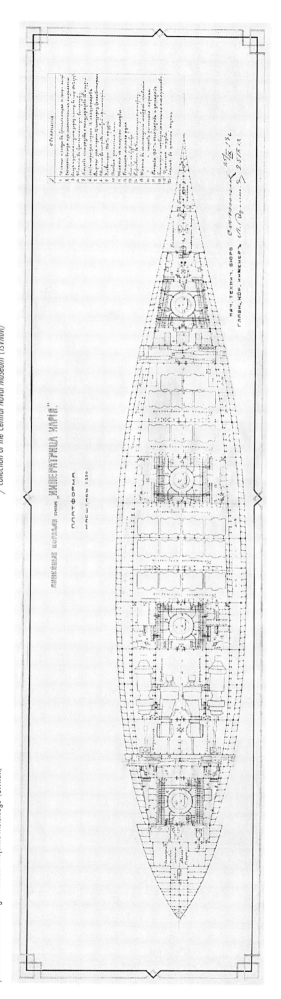

▼ Okręt liniowy *Impieratrica Maria*, przekrój na linii wodnej. Reprodukcja oryginalnego rysunku, datowanego 25 września 1913 roku / ze zbiorów Centralnego Muzeum Wojenno-Morskiego (CWMM)

▼ *Battleship Imperatritsa Maria, section at the waterline. Reproduced from the original design drawing, dated September 25, 1913 / collection of the Central Naval Museum (TsVMM)*

przydarzyło się już w pierwszym rejsie). Uporczywość K. A. Porębskiego, popartego przez dowodzącego flotą A. A. Eberharda, który osobiście przekonał się o niewygodzie dowodzenia okrętem („kabina admiralska, czy raczej admiralska nora w pobliżu pomostu nie miała ogrzewania" — ze zdziwieniem meldował ministrowi morskiemu), wymusiła wprowadzenie pewnych poprawek. Pomosty *Impieratricy Marii*, bardziej rozbudowane, niż na innych okrętach tego typu, uzyskały wreszcie niezbędną funkcjonalność.

Lecz nawet uporczywość Porębskiego nie była w stanie doprowadzić do udoskonalenia zamontowanej na okręcie (pierwszej w świecie) instalacji elektrycznej na prąd zmienny. W pierwszym rzędzie trzeba było zapewnić jej zdolność do pracy, a starania zwiększenia niezawodności i sprawności trzeba było odłożyć do pojawienia się nowych typów okrętów. Niekorzystnym z punktu widzenia walki o żywotność okrętu w razie odniesienia uszkodzeń bojowych był pierścieniowy układ przewodów parowych oraz rezygnacja z generatorów wysokoprężnych (co dziwniejsze, uwzględnionych w projektach bałtyckich drednotów i nawet budowanych w Nikołajewie lekkich krążowników!). I bez tego rodzaju zamachów na zatwierdzone specyfikacje kłopotów przy zakończeniu budowy nie brakowało.

Na rozkaz Ministerstwa Morskiego trzeba było, prócz przeróbki opancerzenia, zamontować system schładzania powietrza Leblanca, wieżowe przetwornice, windę amunicyjną dowożącą naboje do dwóch stanowisk dział przeciwlotniczych kalibru 63,5 mm, dodatkowe szalupy i kutry, urządzenie przedmuchu luf dział kalibru 130 mm, pomosty (5,5 t przeciążenia) przy drugim kominie itd.

Pomimo podjęcia wielu środków mających na celu uniknięcie przeciążeń, takich jak obowiązek zatwierdzania dokumentów, regulujących ściśle charakter i skład projektu, czy utworzenie stałych komisji nadzoru, budownictwo okrętowe nadal powtarzało wiele błędów przeszłości. W dalszym ciągu nie uwzględniano w projektach zapasu wyporności, nie było przewidziane stanowisko głównego konstruktora, który mógłby koordynować podejmowanie wszystkich decyzji i chronić projekt przed zalewem udoskonaleń. Zachował się też zwyczaj prowadzenia prac montażowych i wyposażeniowych na okręcie (który oficjalnie został już przyjęty w skład floty) przez brygady robotników z różnych zakładów: dla przykładu, 7 lipca 1915 roku na pancerniku *Impieratrica Maria* pracowały 304 osoby z dziewięciu zakładów: 210 — z Russuda i ONZiW, 51 — Siemiens-Schuckert, 7 — Swietowaja kompania elektriczestwa, 5 — Lessnera, 8 — Zakładów Obuchowskich, 15 — Zakładów Putiłowskich, 4 — Zakładów Sormowskich, 4 — fabryki Beehra. Skutki takich praktyk na ogromnym okręcie były szczególnie trudne do przewidzenia. Trzeba było wiele czasu, aby w wyniku usilnej i pełnej samozaparcia pracy całej załogi mogła się ukształtować „dusza okrętu".

Według zatwierdzonego 11 stycznia 1915 roku etatu stanu osobowego czasu wojny do załogi *Impieratricy Marii* skierowano 30 oficerów oraz 1135 podoficerów i marynarzy (w tym 194 nadterminowych), zgrupowanych w ośmiu kompaniach. W okresie od kwietnia do lipca, zgodnie z nowymi rozkazami dowódcy floty do załogi skierowano dodatkowo 50 osób, a skład kadry oficerskiej doprowadzono do 33. Jeden z oficerów wachtowych miał pełnić obowiązki oficera nurkowego, a spośród sześciu mechaników wachtowych, trzech pełniło funkcje mechanika drenażowego, mechanika minowego

these were only collapsible structures, stowed aside in battle so as not to interfere with the Nr.1 (A) turret arc of fire. According to Porembski, these were flimsy enough to be swept by the blast of the first salvo fired from this turret. In difficult weather, in closed waters, at night or in fog, when the commands and reports from the lookouts were related by voice only from the wings to the steering post inside the conning tower, the ship would be endangered — warned the new skipper. And indeed, in the first mission, a collision was only narrowly avoided. Porembski bombarded the superiors with his remarks and prophecies, supported by the Fleet Commander, Admiral A. A. Eberhard, who added his own observations. "The admiral's cabin, or I should call it the admiral's squalor, in the conning tower had no means of heating" — he related incredulously up the chain of command. Together they finally succeeded in forcing the upper authorities into improving at least some of the faults. The *Imperatritsa Maria* bridge was rebuilt bigger and better than her siblings' and finally proved functional.

Not even Porembski's tenacity was however able to rectify the main fault of the new design — the novel, never before used in any navy, variable current electrical system. First, it had to be coaxed into functioning at all — infallibility and efficiency were to be achieved later, in subsequent classes. The design had more damage control handicaps — all steam pipes run in circles, there was no secondary electrical plant, as the Diesel generators were scrapped together with the Diesel powerplant. The latter issue is still the more puzzling, as they were installed in Baltic dreadnoughts, and the Nikolayev-built light cruisers carried them. But even without rectifying these points, there were enough problems with concluding the construction.

The Sea Ministry ordered the shipyards to rework the armor, to install the Leblanc type air-conditioning system, turret transformers, ammunition hoist for the two 63.5 mm anti-aircraft guns, additional whaleboats and cutters, barrel blowing gear for secondary battery guns, improved bridge structures at the second smokestack (at a cost of 5.5 tonnes overweight) etc. etc.

Despite drastic measures to avoid overweight, despite all the checking, sealing of drawings, re-checking and re-sealing, the need to get a formal approval for every change however remotely linked to the design, despite having a standing control committee, despite all of these, the shipbuilding still harbored the hoary faults. The designs were still made without the necessary displacement margin for changes, there still was no chief designer to look after the design and coordinate decision-making to avoid flooding the good design with out of place improvements. And still there were scores of extraneous workers swarming the ship in the yard. Most of the fitting-out was made by the working brigades from the equipment delivering companies, not the yard fitters. For example, on July 7, 1915, out of the 304 people from nine companies working on that day aboard the battleship *Imperatritsa Maria*, 210 were from Russud and ONZiV yards, 51 from Russian filial of the Siemens-Schuckert, 7 from a company called World Electricity Co., 5 from Lessner Co., 8 from Obukhov Works, 15 from Putilov Works, 4 came all the way from Moscow's Sormovo Works, and 4 — from Beehr Works. The results of such workforce policy on that huge and complicated ship were difficult — if at all possible — to predict. It took much time and effort on part of the crew to

oraz mechanika zarządzającego działem elektrotechnicznym. Zwyczajowo nowy pancernik miał nadkomplet kadry oficerskiej (37 oficerów), za to brakowało mu starszych podoficerów, których było tylko 19. Załoga liczyła 909 marynarzy. Najnowszy i najbardziej skomplikowany okręt floty nie uchronił się przed odwieczną płynnością kadry oficerskiej. Wielu z oficerów, którzy dopiero co zaczęli się zapoznawać z okrętem, otrzymało wkrótce nowe przydziały i po roku ilość służących w różnym czasie na pancerniku przekroczyła prawie dwukrotnie przydziałową, tak więc do połowy 1916 roku skład oficerów został całkowicie wymieniony. W czasie rzeczywistej służby pancernika, wynoszącym niewiele ponad rok, miał on trzech dowódców: troska o prawidłowy awans i rozwój karier nadal przeważała nad potrzebą zapewnienia gotowości bojowej okrętu. Ledwie pierwszy dowódca, kapitan 1. rangi K. A. Porębski, zdołał się wszechstronnie zapoznać z okrętem podczas budowy, prób i pierwszych rejsów, a już zastąpił go na początku 1916 roku kapitan 1. rangi książę W. W. Trubieckoj. Książę nie zagrzał długo miejsca na *Impieratricy Marii* — już w maju tego samego roku został mianowany dowódcą Brygady Minowej. Jego miejsce na mostku pancernika zajął, dowodzący wcześniej pancernikiem *Rostisław*, kapitan 1. rangi I. S. Kuzniecow. On też nie miał możliwości dogłębnie zapoznać się z okrętem do dnia katastrofy, która nastąpiła 7 października 1916 roku.

Na zdolności bojowej okrętu odbijały się niekorzystnie liczne odstępstwa od norm wyznaczanych przez regulaminy i instrukcje. Dziennik okrętowy prowadzony był niedbale, brak miejsca zmusił do umieszczenia części kubryków w pomieszczeniach bojowych okrętów, a już szczytem wszystkiego było wyznaczenie na dowódcę wieży A micmana bez przygotowania artyleryjskiego — w dodatku ustnym rozkazem, bez odnotowania w dzienniku!

W takich warunkach nie mogło być mowy o szybkim doprowadzeniu okrętu do porządku i ścisłym przestrzeganiu regulaminu służby.

Wreszcie nadszedł niepowtarzalny, zawsze przepełniony szczególnymi troskami dzień, kiedy okręt, rozpoczynając samodzielne życie, odbija po raz pierwszy od stoczniowego nadbrzeża. Wieczorem 23 czerwca po poświęceniu okrętu, podnosząc nad wodami Ingułu skropione święconą wodą flagę, banderę i proporzec, *Impieratrica Maria* rozpoczęła kampanię.

Późno w nocy 25 czerwca, zapewne żeby przejść rzekę w świetle dziennym, rzucono cumy i o godzinie 4.00 holowniki *Czernomor* i *Gajdamak* (od dziobu), oraz lodołamacze Nr 3 i Nr 4 (od rufy) wyprowadziły pancernik pod flagą dowódcy flotylli transportowej, admirała A. A. Homienko, ze stoczni. Przejściem kierował pilot O. K. Woronienko. Po przejściu Mostu Warwarowskiego pancernik zerwał rufowe cumy i został zniesiony do prawego brzegu kanału — jakby nie chciał się rozstać z Nikołajewem. Holowanie ponownie rozpoczęto o godzinie 8.30. Godzinę później, po minięciu latarni Diedowa Chata, ukazały się kryte pochylnie ONZiW oraz pirsy portu morskiego. Po południu okręt skierował się na siwersowy nabieżnik i ogłoszono na nim pierwszy prawdziwy alarm bojowy.

O godzinie 20.30, w pełnej gotowości do odparcia ataku torpedowego, pancernik wpłynął na redę Twierdzy Oczakowskiej. Cały dzień *Impieratrica Maria* przygotowywała się do przeprowadzenia próbnych strzelań artyleryjskich. 27 czerwca w eskorcie lotnictwa, torpe-

collectively work out the espirit of the ship and the ship company.

According to the TO&A for wartime, approved on January 11, 1915, the crew was to count 30 officers and 1135 other ranks (including 194 petty officers), organized in eight companies. Between April and July, the Fleet Commander sent additional 50 men to the crew, and officers' complement was increased to 33. One of the watch officers was the ship's diving officer, and of the six watch engineers, three were to man posts of the drainage engineer, mining engineer (now called the underwater weapons officer), and the duty electrical engineer. As usual, the crew of the new ship was top heavy, with 37 officers on the roster, while undermanned in chiefs (only 19) and other ranks (909). Even the most modern and most complicated ship in the fleet could not avoid the pest of officers fluctuation. Many young officers, still getting to know with their ship, were soon re-assigned, which was maybe good for their widening path of career, but certainly was detrimental to the ship and the combat efficiency. After a mere year of service, the quota of officers serving aboard her reached as high as twice the regulation officers complement — meaning a 100% attrition rate before the mid-1916. During a mere year of real combat service of the battleship, she had as many as three skippers! As soon as the tenacious Captain First Class Porembski managed to improve her a little and run her through the trials regimen, he was re-assigned and the ship was left to Captain First Class Prince V. V. Trubetskoy. The noble prince did not commanded her long — as soon as May he was re-assigned to head the Mining Brigade of the Black Sea Fleet. His post was taken by another ex-*Rostislav* skipper, Captain First Class I. S. Kuznetsov, the successor of Capt. Porembski. His stint was also short, and ended tragically, with the explosion on October 7, 1916.

Aside from the constant flow of the officers, the combat efficiency was hampered by the constant deviations from the norms, stated by the regulations. The ship's log was kept in a sloppy fashion, lack of space forced to set some of the crew berthing on their battle stations, and a cherry topping to all of that was appointment as a Nr.1 (A) turret commander of a chief who had nothing to do with artillery — and even that by the vocal order, without a proper note in the log!

But despite all of these, at last came the great day, when a ship takes to the sea on her own for the very first time in her life. On the evening of June 23, the *Imperatritsa Maria* got blessed by the priest and hoist the flags, banners and ensigns, to communicate the world, that she started her independent life. On June 25, early in the morning, possibly to pass the riverine route by the light of day, she cast her moorings and assisted by the tugs *Chernomor* and *Gaydamak* (ahead) and ice-breakers No.3 and No.4 (astern), she steamed out of the shipyard, carrying with her the head of the Black Sea Transit Command, Admiral A. A. Homenko. Pilot, Mr. O. K. Voronenko, was in overall charge of the initial voyage. After the convoy passed the Varvara Bridge, stern towline snapped, and the battleship swerved to the right bank of the canal, so as she was reluctant to leave Nikolayev. The towing commenced again at 0830 hrs. An hour later, upon passing the Dedova Khata lighthouse, the ONZiV roofed-over slipways and the harbor berths came into the view. In the afternoon *Imperatritsa Maria* crossed the line of the Siversky leading marks and "General Quarters" were sounded.

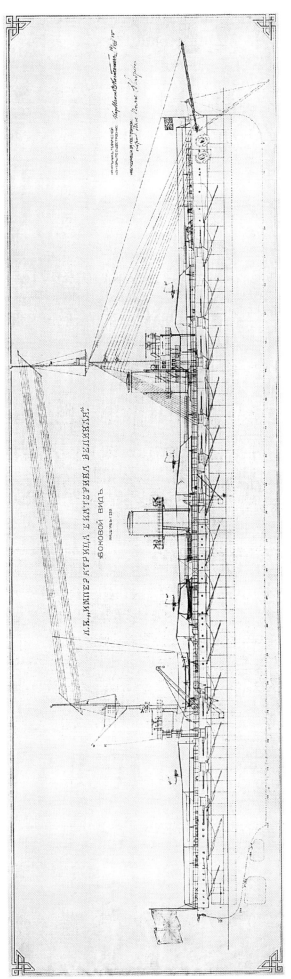

▲ Okręt liniowy *Impieratrica Jekatierina Wielikaja*, widok z boku. Reprodukcja oryginalnego rysunku, datowanego 10 sierpnia 1915 roku / ze zbiorów Centralnego Muzeum Wojenno-Morskiego (CWMM)

▲ Battleship *Imperatritsa Yekaterina Velikaya, side elevation. Reproduced from the original design drawing, dated August 10, 1915 / collection of the Central Naval Museum (TsVMM)*

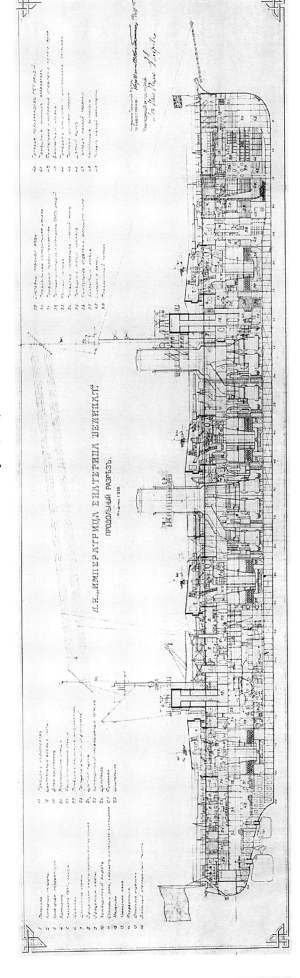

▼ Okręt liniowy *Impieratrica Jekatierina Wielikaja*, przekrój wzdłużny. Reprodukcja oryginalnego rysunku, datowanego 10 sierpnia 1915 roku / ze zbiorów Centralnego Muzeum Wojenno-Morskiego (CWMM)

▼ Battleship *Imperatritsa Yekaterina Velikaya, longitudinal cross-section. Reproduced from the original design drawing, dated August 10, 1915 / collection of the Central Naval Museum (TsVMM)*

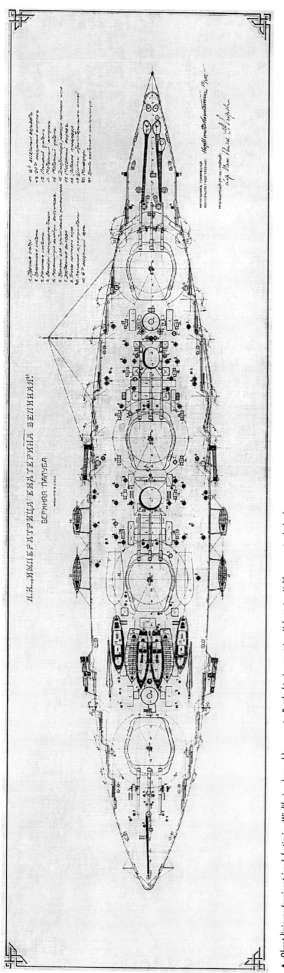

▲ Okręt liniowy *Impieratrica Jekatierina Wielikaja*, plan pokładu górnego. Reprodukcja oryginalnego rysunku, datowanego 10 sierpnia 1915 roku / ze zbiorów Centralnego Muzeum Wojenno-Morskiego (CWMM)

▲ Battleship *Imperatritsa Yekaterina Velikaya*, main deck plan. Reproduced from the original design drawing, dated August 10, 1915 / collection of the Central Naval Museum (TsVMM)

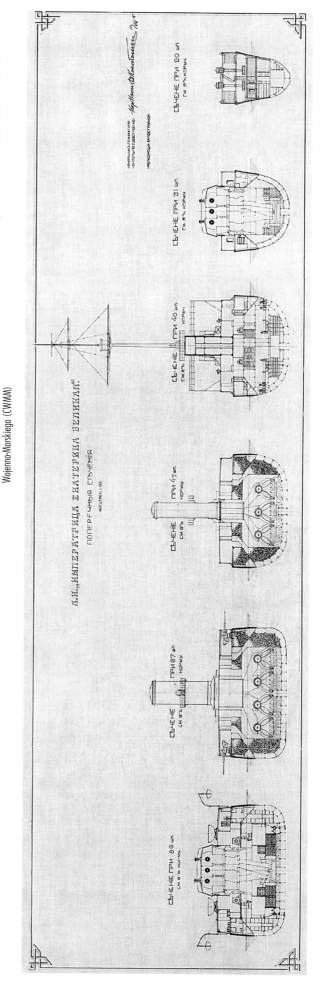

▼ Okręt liniowy *Impieratrica Jekatierina Wielikaja*, przekroje poprzeczne. Reprodukcja oryginalnego rysunku, datowanego 17 października 1915 roku / ze zbiorów Centralnego Muzeum Wojenno-Morskiego (CWMM)

▼ Battleship *Imperatritsa Yekaterina Velikaya*, cross-sections. Reproduced from the original design drawing, dated October 17, 1915 / collection of the Central Naval Museum (TsVMM)

dowców i trałowców pancernik przybył do Odessy. Główne siły floty utworzyły trzy linie osłonowe. W skład pierwszej wszedł podwodny stawiacz min *Krab*, który pod osłoną okrętów podwodnych *Morż, Nierpa* i *Tiuleń* wystawił zaporę minową w rejonie Bosforu. Druga była utworzona przez Brygadę Pancerników, krążowniki *Kaguł* i *Ałmaz* oraz trzy niszczyciele. Trzecia składała się z okrętów bezpośredniej osłony drednota — krążownika *Pamiat' Merkurija*, transportowca wodnosamolotów *Impierator Aleksandr I*, ośmiu niszczycieli, okrętów podwodnych *Som, Skat, Nalim*, awiza *Liotczik* oraz trałowców.

Po zabunkrowaniu 700 t węgla w dniu 29 czerwca, *Impieratrica Maria*, z trudnością obracając się w ciasnym porcie przy pomocy holowników *Czernomor* i *Gajdamak*, wyszła w morze w ślad za krążownikiem *Pamiat' Merkurija* i o godzinie 5.30 spotkała się z głównymi siłami floty. Szyk przyjęty przez okręty sił głównych symbolizował nową strukturę dowodzenia: w ślad za *Impieratricą Marią*, w szyku torowym podążała cała brygada predrednotów — *Jewstafij* (pod flagą dowódcy Floty Czarnomorskiej), *Joann Złatoust* (pod wiceadmiralską flagą dowódcy Dywizji Pancerników), *Pantelejmon* i *Tri Swiatitielia*.

Przedwojenne zagrożenie, związane z oczekiwaniem na pojawienie się budowanych w Wielkiej Brytanii tureckich drednotów, nie ustąpiło wraz z ich konfiskatą przez Royal Navy po wybuchu wojny. Nowym, i jak najbardziej realnym, niebezpieczeństwem był teraz niemiecki krążownik liniowy *Goeben*, który zdołał przedrzeć się przez sojuszniczą blokadę Dardaneli. Pojawienie się *Impieratricy Marii* zlikwidowało tę chwilową przewagę, a wejście do służby następnych pancerników dawało wyraźną przewagę Flocie Czarnomorskiej. Odpowiednio do sytuacji zmniejszała się intensywność działań wojennych, toteż MGSz zrezygnował z uzbrajania czwartego pancernika w działa kalibru 356 mm, oficjalnie uzasadniając to trudnościami w efektywnym kierowaniu zmasowanego ognia z artylerii różnych kalibrów. Zmieniły się również priorytety i tempo budowy okrętów: po wybuchu wojny szczególnie ostro dał się odczuć brak niszczycieli, okrętów podwodnych i niezbędnych dla przyszłej operacji w Bosforze jednostek desantowych. Ich zamówienie zahamowało budowę pancerników. 9 października tego samego roku do Nikołajewa dostarczono turbiny dla pospiesznie wykańczanego *Impieratora Aleksandra III*.

Z powodu przeciążenia stoczni, duszących się pod brzemieniem ogromnego programu budowy okrętów, beznadziejnie opóźniał się termin osiągnięcia gotowości bojowej przez czwarty pancernik. Oprócz pancerników, w Nikołajewie były budowane najnowsze lekkie krążowniki, nowe serie niszczycieli i okrętów podwodnych, okręty desantowe i ogromny dok pływający dla drednotów. Pośpiech i przeciążenie zamówieniami spowodowały też odstąpienie od wszelkich programów ulepszenia okrętów na podstawie doświadczeń zebranych przy okazji budowy wcześniejszych jednostek. Zrezygnowano z planów udoskonalenia sposobu mocowania usztywniającego płyt pancernych, łączenia ich klinami na podwójny jaskółczy ogon, pogrubienia głównego pasa pancernego do 337 mm i bardziej racjonalnego rozmieszczenia jego płyt. Doświadczalny ostrzał wykazał, że

At 2030 the battleship came into the Ochakov Fortress roadstead, fully prepared to repel the torpedo attack. The whole of the next day she was preparing for her first artillery firing trial. On June 27, under the air cover of the naval aviation, escorted by the destroyers and trawlers, the battleship made a passage to Odessa. The main forces of the Black Sea Fleet formed three lines of the escort. The first consisted of the mine-laying operation conducted by the mine-laying submarine Krab, which itself escorted by the attack submarines *Morzh, Nerpa* and *Tyulen*, laid a mine field across the entrance to the Bosporus, to prevent sneaking any uninvited guests. The second line of escorts consisted of the Battleship Brigade, cruisers *Kagul* and *Almaz*, with three destroyers. The immediate escort group, surrounding the brand-new battleship, consisted of cruiser *Pamyat Merkuriya*, seaplane tender *Imperator Alexandr I*, eight destroyers, submarines *Som, Skat, Nalim*, sloop *Lyotchik* and trawlers.

Upon loading 700 tonnes of coal, on June 29, *Imperatritsa Maria* not without trouble turned in the narrow harbor, assisted by the tugs *Chernomor* and *Gaydamak*, and left port astern of the cruiser *Pamyat Merkuriya*. At 0530 they met with the main forces of the Black Sea Fleet. The formation all ships then took mirrored the new pecking order in the Fleet. *Imperatritsa Maria* took a position at the point of the line ahead, with the pre-Dreadnought Battleship Brigade trailing behind her: the *Yevstafiy* (flying the Fleet Commander flag), the *Yoann Zlatoust* (under the flag of Vice Admiral, Battleship Brigade commander), the *Panteleymon* and the *Tri Svyatitelya*. Now it was plain for everybody to see — there was a new sheriff in town, bad guys beware!

The pre-war Turkish Dreadnought threat had meanwhile abided, as the outbreak of war saw the British-built Turkish ships confiscated by the Royal Navy. The new, and all the more real danger was however the German line cruiser *Goeben*, that forced the Dardanelles days before the hostilities commenced along with the cruiser *Breslau*, and after hoisting the Turkish flag (though retaining German crew) terrorized the Black Sea. With the arrival of the *Imperatritsa Maria*, the golden days of *Goeben's* apparent impunity were over. After her siblings came into commission, the balance of power in the Black Sea was redressed for good. Accordingly, the intensity of the naval warfare in the area diminished, and degraded into a deadly game of hit-and-run. The MGSh relaxed the haste over the fourth battleship, and finally gave up the plans to install 356 mm guns in her. The official reasoning was that heterogeneous calibers are hindering the effective fire control. The priorities were redressed, and with them the pace of the battleship construction. The experiences of the first year of campaign shown that other types of the ships were much more acutely missed than the battleships. There were never enough destroyers, submarines, and landing craft were indispensable for the planned amphibious operations in the Bosphorus. These were given a priority over the construction of the second pair of the battleships, that were sort of placed at the back burner. Nonetheless, on October 9 turbines arrived for the *Imperator Alexandr III*, being fitted-out at the Russud. The *Imperator Nikolay I*, constructed at the ONZiV, was reverted to the original design. There would be no 356 mm guns, no double-dovetailed armor plates, no reinforced 337 mm armor belt, no armor rationalization. The experimental shooting proved beyond doubt, that this would be just

nawet pancerz grubości 125 mm nie chroni przed uderzeniem pocisku burzącego kalibru 305 mm, natomiast już 50 mm cementowanej powierzchniowo płyty pancernej wytrzymuje trafienia pociskami kalibrów 130 i 150 mm. Na podstawie tych doświadczeń postanowiono ograniczyć grubość opancerzenia kazamat do tej ostatniej wartości. Bez rezygnacji z ulepszania konstrukcji pancerza, jego masa (bez wież) wynosiłaby 9417 t, tzn. o 34% więcej, niż na *Impieratricy Jekatierinie Wielikoj*. Dokonania konstruktorów odłożone na razie ad acta, nie zmarnowały się, choć na ich pełną realizację przyszło czekać aż do pojawienia się pancerników typu *Sowietskij Sojuz*.

wasting money and effort. Even the 125 mm thick casemates armor planned for the fourth battleship would not protect them from a 305 mm fragmentation grenade, while as little as 50 mm of case-hardened armor steel would be enough to stop a 130 or even 150 mm shell. It was therefore decided to reduce the armor protection of the casemates to that thickness. If not for that decision, the armor on the *Imperator Nikolay I* (turrets excluded) would weight as much as 9417 tonnes, i.e. more by 34% than on the *Imperatritsa Yekaterina II*. All the innovative features planned for the fourth ship were therefore shelved — and remained so until the *Sovetsky Soyuz*-Class battleships arrived.

Porównanie typów pancerników rosyjskich z tureckimi, będącymi w budowie i w służbie, oraz niemiecko-tureckim krążownikiem liniowym Goeben

* Długość między pionami, ** Zarekwirowany przez Wielką Brytanię, włączony w skład jej floty pod nazwą *Erin*,
*** początkowo był budowany dla Brazylii (*Rio de Janeiro*), zarekwirowany przez Wielką Brytanię, włączony w skład jej floty pod nazwą *Agincourt*

Nazwa okrętu	Wyporność [t]	Główne wymiary [m]			Prędkość [węzły]	Artyleria: ilość dział, kaliber [mm]	Grubość pancerza na KLW	
		Długość	Szerokość	Zanurzenie				
Okręty rosyjskie								**Russian ships**
Tri Swiatitielia	13.318	115,2	22,3	8,7	16	4–305, 14–152	406–457	*Tri Svyatitela*
Rostisław	10.520	107,2	20,7	7,68	15,8	4–254, 8–152	254–368	*Rostislav*
Pantieliejmon	12.900	115,3	22,2	8,4	16,7	4–305, 16–152, 14–75	203–209	*Panteleymon*
Jewstafij	12.738	115,5*	22,55	8,23	16,2	12–305, 20–130	203–209	*Yevstafy*
Impieratrica Maria	22.600	168	27,4	8,4	21	12–305, 20–130	125–262,5	*Imperatritsa Maria*
Okręty tureckie								**Turkish ships**
Hajreddin Barbarossa	10.670	115,7	19,5	7,6	16	6–280, 6–105, 6–88	305–400	*Hayreddin Barbarossa*
*Reshad***	25.250	170,5	27,9	8,7	21	10–343, 16–152, 2–76	102–305	*Reshad***
*Sułtan Osman I****	30.250	204,7	27,1	8,2	22	14–305, 20–152, 12–76	102–229	*Sultan Osman I****
Okręt niemiecki								**German ship**
Goeben	25.400	186,6	29,4	9	28	10–280, 12–150, 8–88	100–270	*Goeben*
	Displacement [t]	Main measurements			Speed [knots]	Artillery (quantity and caliber [mm])	Armor thickness at the waterline	Name
		Length	Width	Draught				

Comparison between the ships of the Black Sea Fleet, Turkish under construction in Englang and German battle cruiser Goeben

* Length between the verticals, ** Seized by the Royal Navy, and commissioned as HMS *Erin*
*** Initially built for Brazil (*Rio de Janeiro*), seized by the Royal Navy and commissioned as HMS *Agincourt*

▶ Pancernik *Impierator Nikołaj I* przed wodowaniem

▶ Battleship *Imperator Nikolay I* prior to launching

Pancerniki panują nad Morzem Czarnym

Niespiesznie, w poczuciu własnej wielkości i znaczenia chwili, wchodziła 20 czerwca 1915 roku *Impieratrica Maria* na sewastopolską redę. Również radość, która opanowała miasto i flotę była na pewno taka sama, jak podczas tych szczęśliwych listopadowych dni 1853 roku, kiedy na tę samą redę po świetnym zwycięstwie pod Synopem powracała pod flagą P. S. Nachimowa 84-działowa *Impieratrica Maria*. I jak echo tych sławnych wypadków brzmiały słowa telegramu, w którym naczelny głównodowodzący, wielki książę Mikołaj Mikołajewicz, życzył okrętowi kontynuowania „tradycji swojego sławnego przodka w bitwie pod Synopem". Przepowiadano jej długi i chwalebny żywot. Cała flota z niecierpliwością oczekiwała tej chwili, kiedy *Impieratrica Maria*, po wyjściu w morze, wymiecie poza jego granice bardzo dokuczliwego *Goebena*, po fikcyjnej sprzedaży Turcji przechrzczonego na *Sułtan Selim Yawuz*. Marynarze rosyjscy przezywali go „Wujkiem", a jego nie mniej dającego się we znaki towarzysza, krążownik *Breslau (Midillieh)* — „Kuzynem".

Od razu też narodziła się własna tradycja okrętowa, każąca wręczać oficerowi, który przesłużył na okręcie dłuższy czas, specjalnie wykonaną szablę z nakładanym na jej rękojeść wizerunkiem ikony Świętego Mikołaja (opracował go miczman G. R. Wiren) i wygrawerowaną na głowni nazwą okrętu. Regulamin nagradzania szablą, opracowany przez mesę oficerską, został akceptowany przez dowódcę floty i zatwierdzony przez ministra morskiego.

Przebrzmiała orkiestra, ucichły radość i wzruszenie, flota powróciła do surowej, wojennej codzienności. Po uzupełnieniu zapasów węgla i krótkim wypoczynku załóg, Brygada Pancerników znów wychodziła w morze. Holowniki, dyżurujące przed wejściem na redę, otwierały i zamykały zagradzającą dostęp do portu zagrodę bonową: ruch na podejściu do bazy nie zamierał ani na chwilę.

Mając świadomość ciężkiej sytuacji floty i ryzyka podejmowanego przez stare pancerniki podczas każdego spotkania z *Goebenem*, na *Impieratricy Marii* ze wszystkich sił starano się przyspieszyć program rozpoczętych z chwilą opuszczenia Nikołajewa prób zdawczoodbiorczych. Na wiele drobnych usterek trzeba było przymykać oko i wierzyć w zobowiązania stoczni, że zostaną one usunięte po oficjalnym odbiorze okrętu. Wiele pretensji wywoływał np. system klimatyzacji komór amunicyjnych — okazało się, że całe zimne powietrze, prawidłowo wytworzone przez agregaty chłodzące, pochłaniały rozgrzane silniki elektryczne wentylatorów, i w rezultacie zamiast tłoczyć chłodne powietrze do komór, klimatyzacja jeszcze je nagrzewała.

Sporo nerwów kosztowały drobne usterki w siłowni, lecz nie było na szczęście żadnych poważniejszych awarii — jeśli nie liczyć skutków niedbałego montażu

Battleships Rule the Black Sea

On June 20, 1915, the *Imperatritsa Maria* entered the Sebastopol roadstead, slowly, dignified, as befitting the empress. The city was overjoyed. It was like 1853 revisited — the mighty Russian Black Sea Fleet led by another *Imperatritsa Maria*, the potent namesake of the famous 84-gunner flying Admiral Nakhimov's flag at Sinop. Those glory days were also evoked by the words of a telegram, that the C-in-C Russian Armed Forces, Great Duke Nikolay Nikolayevich sent to the skipper. He wished the mighty ship be as prosperous as her historic namesake. No doubt, in a matter of a year he wished his wishes were not realized that much literally.

For a while, however, everybody predicted her a long and happy service career. And everybody was impatiently waiting for the news of her meeting *Goeben*, and settling the scored with the pesky intruder once and for all. Even though the *Goeben* was no longer *Goeben*, but *Sultan Selim Yavuz*, as she was renamed after selling to the Turks. No matter what flag it flew, the crew were still Germans, and still she was getting on everybody's nerves in Black Sea area. The Russian sailors used to nickname her an Uncle[*], while the *Breslau* (now *Midillieh*) was nick-named the Cousin.

The new battleship started a tradition of presenting the longer serving officers a commemorative saber, with an enameled St. Nicholas icon (painted by Chief G. R. Viren) superimposed on the grip, and the name of the ship engraved on the blade. The commemorative saber regulations were set forth by the officers' mess, authorized by the Fleet Commander and even got a blessing from the Sea Minister.

Then the brass of the bands subsided, the joy and emotions of the commission passed, and the fleet reverted back to the harsh reality of warfare. The elderly battleships coaled-up and refitted, and the Battleship Brigade was out to sea again. The tugs operating the net barrier in the mouth of the harbor, didn't have even that short brake — the approaches of the port were always alive, ships of all descriptions were entering and leaving port incessantly.

Realizing the difficult situation of the fleet and danger involved in operating the old battleships on a battlefield roamed by the *Goeben*, the commanding officer of the *Imperatritsa Maria* was driving his crew to the wall, to hasten the moment of his ship getting battle ready. The acceptance trials regimen commenced on leaving Nikolayev continued. Many small defects were to be swept under the carpet, following the yard staff promises that these would be ironed-out after the papers would be signed. The novel ammunition magazines air-conditioning system was much loathed, after it transpired that the cold air produced by the cooling apparatus refreshes mostly the overheating electric fan motors, that absorb-

[*] In Russian ships are masculine.

chłodnicy olejowej i braku regulacji zaworów bezpieczeństwa kotłów.

W okresie od 11 do 15 czerwca 1915 roku *Impieratrica Maria* stała w suchym doku imienia cara Mikołaja. Dokonano przeglądu śrub napędowych, pochew wałów napędowych, zaworów dennych, pomalowano podwodną część kadłuba zieloną farbą patentową. W dniach 24 i 25 czerwca załadowano 1222 t brykietów węglowych i amunicji. Przed rozpoczęciem załadunku zanurzenie wynosiło 8,74 m na dziobie i 8,66 m na rufie, po jego zakończeniu — odpowiednio 8,94 m i 9,71 m. Sprawdzono — poprzez strzelanie atrapami — aparaty torpedowe. Przez cały ten czas robotnicy stoczniowi wykonywali na pancerniku różnego rodzaju prace — na przykład 26 czerwca na pokładzie zajmowało się ich wykonaniem 438 osób spoza załogi okrętu.

6 sierpnia o godzinie 5.00 przygotowano pancernik do boju. O 6.45 przybył ze swoim sztabem dowódca Floty Czarnomorskiej, admirał A. A. Eberhard. Niszczyciele osłony wyszły w morze, a *Impieratrica Maria* zaczęła się obracać przy pomocy własnych maszyn. Do wypłynięcia, do którego tak długo i usilnie się przygotowywano, jednak nie doszło. Pośpiech i nerwowość, spowodowane obecnością dowódcy floty, oraz niewystarczające przeszkolenie załogi doprowadziły do tragedii. Podczas mocowania na pokładzie sześciowiosłowej łodzi Nr 1 doszło do wypadku. Lejtnant (ppor. mar.) B. G. Mirkowicz został uderzony w głowę żurawikiem i poniósł śmierć na miejscu. Na pancerniku odwołano alarm bojowy, a dowodzący ze sztabem powrócili na *Gieorgija Pobiedonosca*.

Następna próba wyjścia w morze odbyła się 13 sierpnia. Kotły uruchomiono już o godzinie 4.00, a o 6.05 okręt osiągnął pełną gotowość bojową. O 7.55, wraz z przybyciem na pokład dowódcy floty, na pancerniku podniesiono jego flagę. Po minięciu bonów i bastionu konstantynowskiego, *Impieratrica Maria* popłynęła w trwającą półtorej godziny podróż na pełne morze wytrałowanym kanałem do latarni chersoneskiej. W morzu ćwiczono intensywnie manewry, przeprowadzano próbne strzelanie z prawoburtowych dział średniego kalibru (130 mm), a o godzinie 16.20 rozpoczęto wstępne pomiary prędkości podczas przebiegów pomiędzy cyplami Aju-Dag i Aj-Todor. 14 sierpnia pancernik odbył strzelanie z dział artylerii głównej (305 mm).

W dniach 13–15 sierpnia 1915 roku przystąpiono do prób długotrwałej prędkości maksymalnej. W trwającej 50 godzin próbie na trasie wzdłuż południowego wybrzeża Krymu, średnia prędkość wyniosła około 21 węzłów (przy wyporności 24.000 t i mocy turbin 26.000 KM).

W paleniskach 20 kotłów w ciągu trzech godzin spalono 52 t brykietów węglowych, co odpowiadało nawet mniejszemu zużyciu względnemu niż przewidywała to specyfikacja (0,72 zamiast 0,8 kg/KM/h).

Do 25 sierpnia próby odbiorcze zostały zakończone, chociaż doprowadzenie okrętu do normalnego stanu trwało jeszcze wiele miesięcy. Realizacja wniosku dowódcy floty, by zlikwidować przegłębienie na dziób, oznaczała konieczność zmniejszenia zapasu amunicji dla wież dziobowych ze 100 do 70 pocisków oraz dziobowej grupy dział kazamatowych średniego kalibru z 245 do 100 sztuk amunicji. Nieskuteczność tego rozwiązania zmusiła w czerwcu 1916 roku Radę Techniczną Głównego Zarządu Budownictwa Okrętowego (GUK) do wyrażenia zgody na zlikwidowanie na pancerniku *Impierator Aleksandr III* dwóch dziobowych dział średniego ka-

ed all the cooled air, pumping instead their own heat. Small defects in the engine also got on everybody's nerves, but fortunately there were no serious casualties — except for the results of the faulty oil cooler assembly and the boiler safety valves being not regulated properly.

Between June 11 and 15, 1915, the *Imperatritsa Maria* was drydocked in the Tsar Nicholas Drydock. Propellers were inspected, as well as stern tubes and sea cocks, the belly of the hull was freshly painted green. On June 24 and 25 1222 tonnes of coal bricks and ammunition were loaded. Prior to the refuelling and replenishing the ammunition, the draught was 8.74 m by the bows and 8.66 m by the stern, after that — accordingly 8.94 and 9.71 m. The torpedo tubes were test fired, shooting dummy torpedoes. And all of that time the yard workers were still working on board of the battleship. For example, on June 26, as many as 438 men from outside the crew were busy in various rooms and compartments of the ship.

On August 6, at 0500 hrs, the battleship was at last ready to go. At 0645 hrs the Black Sea Fleet commander himself, Admiral A. A. Eberhard, arrived with his staff. The destroyer escorts put to the sea, and *Imperatritsa Maria* started rotating under her own power. And then the disaster struck and despite all of these preparations the new Dreadnought stayed in port. Haste, nervousness with a brass hat on board, and lack of proper training brought about a tragedy — during lashing down of the six-oared Boat Nr.1, that admiral's staff arrived in, the davit fell on leytnant (Ensign) B. G. Mirkovich's head and killed him on the spot. The admiral ordered to secure from general quarters, and returned with his staff to the *Georgi Pobedonosets*.

Imperatritsa Maria tried again to leave port on August 13. Boilers were lit at 0400 hrs, the ship was under steam and ready to go at 0605 hrs. At 0755 hrs the Fleet Commander arrived, and his flag was hoisted on the foremast. This time everything went well, and the ship succeeded in leaving the port at last. She got through the net barrier and left the Konstantin Fortress behind her, to enter the trawled path to the open sea, leading by the Khersonez lighthouse. After one and a half hour she arrived there safely, and started the trial regimen: high speed maneuvering, followed by the starboard secondary battery shooting. At 1620 hrs the initial speed measurements were taken, while steaming between the Ayu-Dag and Ay-Todor promontories. On August 14 the big guns broke their silence for the first time since they were installed.

During the August 13–15 training mission, a sustained flank speed trial was also held. During the 50 hours long trial, along the route circulating around the southern part of the Crimea, mean speed of 21 knots was achieved, at the 24,000 tonnes of displacement and 26,000 metric HP turbines output. Her 20 boilers were consuming 52 tonnes of coal brick every three hours, giving a coal burning rate better than specified — 0.72 instead of 0.8 kg per HP per hour.

Acceptance trials were concluded on August 25, but getting the ship straight took many long months afterwards. Admiral Eberhard's observation of the sea worthiness of the ship resulted in an order to reduce the forward turret ammunition complement from 100 to 70 rounds of ammunition, and likewise the forward secondary battery casemate group ammunition supply was reduced from 245 to a mere 100 rounds. This proved not enough and

▶ Okręt liniowy *Impieratrica Maria* wpływa na sewastopolską redę

▶ *Battleship Imperatritsa Maria arriving at the Sebastopol roadstead*

▼ *Impieratrica Maria* podczas wizyty cara

▼ *Battleship Imperatritsa Maria during a Tsar's visit*

▶ *Impieratrica Maria* w marszu

▶ *Battleship Imperatritsa Maria on the march*

libru wraz z ich komorami amunicyjnymi. Podstawy dział pozostawiono na miejscach, a ambrazury zostały zasłonięte umocowanymi śrubami płytami pancernymi. W pomieszczeniu po dawnych komorach amunicyjnych urządzono magazynek bosmański. W celu odciążenia dziobu skrócono także jeden z łańcuchów kotwicznych o 137,3 m. Wszystkie te przedsięwzięcia odniosły wreszcie skutek i przegłębienie na dziób zmniejszyło się o 0,406 m. Taka była cena za przeciążenie projektu z inicjatywy zamawiającego.

Na *Impieratricy Jekatierinie Wielikoj*, uwzględniając doświadczenie *Impieratricy Marii*, już podczas prac wykończeniowych wykonano niezbędne zmiany poprzez przesunięcie wszystkich możliwych ciężarów o dwie wręgi w kierunku rufy.

◄ Dowodzący Flotą Czarnomorską, admirał A. A. Eberhard

◄ Russian Black Sea Fleet C-in-C, Admiral A. A. Eberhard

▼ Niemiecko-turecki krążownik liniowy *Sułtan Selim Yawuz* (*Goeben*) — główny przeciwnik czarnomorskich drednotów

▼ Arch enemy of the Black Sea Fleet Dreadnoughts — Turkish battleship Sultan Selim Yavuz, ex-German Goeben

the Technical Committee of the Bureau of Ships authorized stronger means to reduce the bows-down attitude in third of the Black Sea battleships, the *Imperator Alexandr III*, in June of 1916. To achieve that, two forward secondary battery guns were abolished altogether, including their ammunition magazines. The gun pedestals were retained, but their gun apertures were stopped with bolted down steel shutters. Former ammunition magazines were replaced by the boatswain's locker. To remove excessive weight from the bows, one of the 274 m long anchor chains was shortened by 137 m. All of these at last succeeded in reducing the bow down attitude by 0.406 m. Scrapping two secondary battery guns and reducing the ammunition complement of the forward turret was the price battleships were to pay for the "improvements" and lack of efficient supervising over the design.

For the *Imperatritsa Yekaterina II* (later renamed the *Imperatritsa Yekaterina Velikaya*) it was fortunately early enough to achieve similar results with less drastic measures. Drawing upon the *Imperatritsa Maria* experiences, the builders of the *Imperatritsa Yekaterina II* ordered all of the weights two frames towards the stern.

With *Imperatritsa Maria* up and running, the *Goeben* dared not to leave the safety of the Bosporus without the really important reason. By showing off their new toy, the Black Sea Fleet bought time to re-organize and start doing their strategic duties at last.

To operate more flexibly within the retained administrative network of the brigade, battleships were assigned to more or less independent task forces, called the Maneuver Forces. The 1st Manouver Force consisted of the *Imperatritsa Maria*, cruiser *Kagul* and escorting destroyers. Reorganization of the Black Sea Fleet structure, coupled with reinforcing of the Fleet's submarine and aerial forces, made the Bosporus blockade much more feasible. Between September and December of

▼ Drugi czarnomorski drednot na redzie Sewastopola w 1916 roku. Proporzec na stendze fokmasztu wskazuje, że na pokład okrętu przybył wiceadmirał z „załogi georgijewskiej" (odznaczony krzyżem św. Jerzego). Załoga wita gościa paradą burtową

▼ A second Black Sea Dreadnought at the Sebastopol's roadstead, 1916. Pennant hanging from the trunk of the foremast announces, that the Vice-Admiral of the Georgian Crew (i.e. awarded the St. George's Cross) had arrived on board. The crew mans the rail to greet him

▲ Okręt liniowy *Impieratrica Jekatierina Wielikaja* w czasie przeprowadzania prób szybkości

▲ Battleship *Imperatritsa Yekaterina Velikaya* during a speed trial

▶ *Impieratrica Jekatierina Wielikaja* w pogoni za przeciwnikiem

▶ Battleship *Imperatritsa Yekaterina Velikaya* chasing enemy at high speed

Wszyscy wiedzieli, że po wprowadzeniu do służby *Impieratricy Marii Goeben* bez szczególnej potrzeby nie wyjdzie z Bosforu — flota uzyskała możliwość planowego i na większą niż do tej pory skalę wypełniania swoich zadań strategicznych.

W tej sytuacji, w celu prowadzenia działań operacyjnych na morzu, w ramach zachowanej struktury administracyjnej brygady utworzono kilka grup bojowych, zwanych zespołami manewrowymi. W skład 1. Zespołu Manewrowego weszły *Impieratrica Maria* i krążownik *Kaguł* wraz z eskortującymi je niszczycielami. Taka organizacja, w połączeniu z działaniami okrętów podwodnych i lotnictwa, stwarzała możliwość prowadzenia bardziej efektywnej blokady Bosforu. W okresie od września do grudnia 1915 roku 1. Zespół Manewrowy dziesięć razy wypływał pod wybrzeże przeciwnika i spędził 29 dni w morzu: w Bosforze, pod Zunguldakiem, Noworosyjskiem, Batumi, Trapezundem, Warną, Konstancą — u wszystkich brzegów Morza Czarnego można było zobaczyć długi, przysadzisty kształt groźnego pancernika.

Neutralizacja *Goebena* pozostawała nadal marzeniem całej załogi. Niejednokrotnie oficerowie klęli kierownictwo MGSz i byłego ministra A. S. Wojewodskiego, których decyzją zmniejszono prędkość ich okrętu co najmniej o 2 węzły, co przekreślało możliwość udanego pościgu za rozwijającym aż 28 węzłów *Goebenem* — pomóc mógł jedynie przypadek.

Honor pierwszego skrzyżowania szpad z *Goebenem* przypadł jednak nie *Impieratricy Marii*, ale wykonującej swój pierwszy bojowy rejs *Impieratricy Jekatierinie Wielikoj*. Do potyczki doszło dosłownie w miesiąc po zakończeniu prób jej artylerii i przyrządów kierowania ogniem. Na skutek doskonale przeprowadzonych działań niszczycieli *Pronzitielnyj* i *Groznyj*, *Goeben* rankiem 26 grudnia 1915 roku wpłynął wprost pod lufy rosyjskiego pancernika, czającego się koło wyspy Kirpen. Po

1915, the 1st Maneuver Force spent 29 days at sea, in nine combat sorties: to the Bosporus, Zunguldak, Novorossiysk, Batum, Trabzon, Varna, Constanta — to all corners of the Black Sea, where the Turks were able to see the menacing, long, low, looming shape of the Russian Dreadnought.

All crew were still fantasizing about getting the *Goeben* at last. Former Sea Minister A. S. Voyevodsky, as well as the MGSh desk-top captains were reviled frequently with terrible words for their decisions leading to reducing the top speed to 21 knots, that made chasing the *Goeben* (making 28 knots) impossible. Only a fortunate incident could be hoped for — hardly an option for the vast battle fleet to operate on.

And so it happened that the first to be given opportunity to cross swords with elusive enemy was not the *Imperatritsa Maria*, but her sister ship, the *Imperatritsa Yekaterina Velikaya*. She was not ready for an encounter yet, just a month after calibrating her artillery and control apparatus. On December 26, 1915, early in the morning, destroyers *Pronzitelny* and *Grozny* done a brilliant job, directing the *Goeben* straight under the gun muzzles of the battleship patrolling around the island of Kirpen. Upon seeing the Russian battleship, the *Goeben* immediately turned and dashed straight for the Bosporus.

The skipper of *Imperatritsa Yekaterina Velikaya* tried to use his advantage in broadside weight, and for a some time did not gave a chase, instead steaming along a parallel course. This short moment of hesitation was enough for the Turkish ship to escape. She was still faster than her persecutor, even though worn propeller shaft bearings and grown over bottom robbed her of the four knots. At 24 knots she was still three knots faster than the Russian Dreadnought. Despite a rain of Russian shells splashing all around her, despite the shrapnel tearing the decks and even the ensign at the flagstaff, the initial

▼ Projekt postawienia sieci przeciwtorpedowych okrętu liniowego *Impieratrica Maria*

▼ Battleship *Imperatritsa Maria* torpedo net protection layout

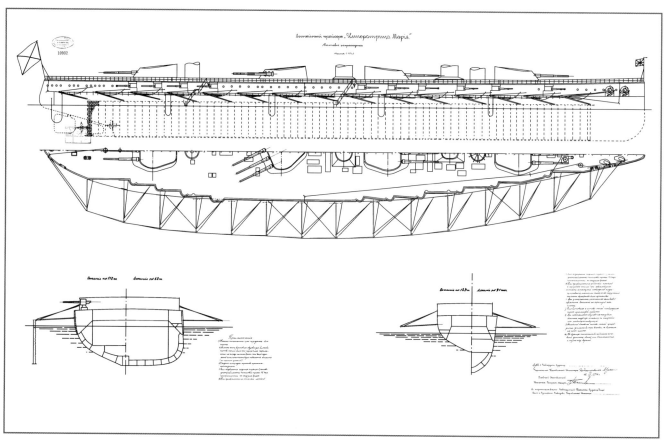

rozpoznaniu przeciwnika *Goeben* natychmiast zawrócił w stronę Bosforu.

Dążąc zapewne do maksymalnie efektywnego wykorzystania salwy burtowej, *Impieratrica Jekatierina Wielikaja* nie od razu ruszyła w pościg, lecz przez pewien czas szła równolegle. To wystarczyło, żeby *Goeben* zdołał wykorzystać swoją przewagę w szybkości (choć z powodu obrośniętej podwodnej części kadłuba i zużytych łożysk wałów napędowych mógł rozwinąć maksymalnie 24 węzły). Otoczony fontannami wody padających pocisków rosyjskiego pancernika (pokład nosił liczne ślady odłamków, bandera na gaflu została przebita), zdołał jednak zwiększyć odległość, wynoszącą na początku bitwy 125 kabli, i ujść pościgowi. Dokładnie w ten sam sposób uszedł spod ognia *Impieratricy Jekatieriny Wielikoj* 3 kwietnia 1916 roku również *Breslau*.

Można długo dyskutować, co w tych przypadkach było decydującym; czy błędy rosyjskiego dowództwa, czy szczęście Niemców, ale dalsze prowadzenie tego typu klasycznych operacji morskich, opartych na tradycyjnej, przez wieki wypracowanej taktyce, stawało się coraz trudniejsze w obliczu rozwoju lotnictwa i okrętów podwodnych. Nawet na tak małym i odległym od głównych teatrów działań bojowych akwenie jak Morze Czarne, sytuacja wymagała poszukiwania nowych sposobów prowadzenia działań bojowych.

Niedługo po przejściu w osłonie lotniczej z Odessy, *Impieratrica Maria* przewodziła jednej z pierwszych w historii działań morskich operacji połączonych, w której główną rolę odegrało lotnictwo. 24 stycznia 1916 roku 14 wodnosamolotów z transportowców lotniczych *Impierator Aleksandr I* i *Impierator Nikołaj I* pod osłoną 1. Zespołu Manewrowego i czterech niszczycieli, do-

125 cable distance between the ships started to open, and she finally managed to escape. Should the MGSh enforced their shy remarks about the staggered turrets being installed in Black Sea Fleet Dreadnoughts, the outcome might have been quite different. The same situation repeated itself on April 3, 1916, when the *Breslau* escaped from under the fire of the *Imperatritsa Yekaterina Velikaya*.

It's open to argument what was a decisive factor in these incidents: Russian faults, or German luck, but it was a matter of course that classical naval operations conducted along the centuries old tactical guidelines, in a mine, submarine and airplane infested limited sea was becoming increasingly difficult. The situation called for new tactics to perform the combat duties in an effective way.

Not long after the passage to Odessa under aerial escort, the *Imperatritsa Maria* took part in one of the first combined operations with major role being played by the naval aviation. On January 24, 1916, 14 seaplanes transported by the seaplane tenders *Imperator Alexandr I* and *Imperator Nikolay I*, escorted en route by the 1st Maneuver Force with four destroyers took off for a massive bombardment of the berths, loading equipment and ships in a Turkish port of Zonguldak.

The submarine syndrome already curtailing naval operations in the West and in the Mediterranean, finally struck at Black Sea, too. There were never enough destroyers to escort the battleships sorties, and the planned Bosporus operations were to be done in the mine-infested waters. This was a clear and present danger, as the Black Sea Dreadnoughts had no underwater protection worthy of a name. To make the matter worse, nothing was being done about it. The high command was of an opinion, that bow paravanes were enough to protect the

▲ *Impieratrica Jekatierina Wielikaja* z trałem dziobowym i sieciami przeciwtorpedowymi

▲ *Battleship Imperatritsa Yekaterina Velikaya with bow paravanes and torpedo nets.*

▶ Dowódca Floty Czarnomorskiej wiceadmirał A. W. Kołczak (z lewej) i kontradmirał S. S. Pogulajew na pokładzie okrętu liniowego *Impieratrica Maria*, lato 1916 roku / magazyn „Łukomorie" Nr 43, 1916)

▶ *Black Sea Fleet C-in-C Vice Admiral A. V. Kolchak (left) with Rear Admiral S. S. Pogulyaev on board of the battleship Imperatritsa Maria, summer of 1916* / Lukomorie magazine, 43/1916)

▶ Okręt liniowy *Impieratrica Jekatierina Wielikaja* eskortuje konwój transportowców

▶ *Battleship Imperatritsa Yekaterina Velikaya escorting a supply convoy*

konało po przebiciu się przez niskie chmury zmasowanego nalotu bombowego na nabrzeża, sprzęt przeładunkowy i statki w tureckim porcie Zungułdak.

„Syndrom okrętów podwodnych", który już skrępował floty wojujących państw na Zachodzie i na Morzu Śródziemnym, zaczął przejawiać się także na Morzu Czarnym. Nie starczało niszczycieli do osłony pancerników, a podczas planowanych operacji pod Bosforem przewidywano znaczny wzrost zagrożenia minowego. Mimo to, czarnomorskie drednoty w dalszym ciągu nie były konstrukcyjnie zabezpieczone przed bronią podwodną: minami i torpedami. Co więcej, nie robiono nic, by poprawić tę sytuację. Do obrony przed minami okrętom miały wystarczyć dziobowe parawany, a przed tor-

ship from hitting a mine, while torpedo nets hanging from the collapsible booms would effectively protect the ships from torpedo hits. Faced with the problem, the Black Sea Fleet C-in-C finally devised a plan to breach the Turkish mine defenses with the old pre-Dreadnought battleships *Sinop* and *Rostislav*, fitted with the specially constructed protective caissons in case of mine damage.

Encouraged by the Russian battleships passivity, enforced by the submarine menace, the *Goeben* undertook the long diversionary raid to Novorossiysk in early July of 1916. Capable and effective Russian intelligence network in Turkey forewarned the Black Sea Fleet command of the *Goeben* plans, and *Imperatritsa Yekaterina Velikaya* steamed full speed ahead for the Bosporus. The

pedami chronić je miały sieci. W ostateczności planowano sforsowanie zapór minowych predrednotami *Synop* i *Rostisław*, dla których były już przygotowywane ochronne kesony.

Zachęcony wymuszoną przez zagrożenie ze strony okrętów podwodnych biernością rosyjskich pancerników, na początku lipca 1916 roku *Goeben* wypłynął w pierwszy od wybuchu wojny daleki rajd pod Noworosyjsk. Świetnie pracująca rosyjska agentura z odpowiednim wyprzedzeniem poinformowała o planach niemieckiego dowództwa i *Impieratrica Jekatierina Wielikaja* pośpiesznie udała się pod Bosfor. Jednak sam dowódca floty, A. A. Eberhard, wyszedł w morze dopiero po otrzymaniu informacji o zbombardowaniu przez *Goebena* i *Breslaua* Tuapse i Soczi.

Bez potrzeby rozciągając operację, którą można było zakończyć wcześniej, przechwytując *Goebena* w pół drogi do Noworosyjska, rosyjski admirał sam nie wytrzymał jej napięcia: nie napotkawszy *Goebena* w morzu, zdecydował, że niemiecki krążownik dzięki swojemu niepojętemu szczęściu zdążył już ujść do Bosforu. W tej sytuacji postanowił powrócić do Sewastopola, odwołując z pozycji również pancernik *Impieratrica Jekatierina Wielikaja*. W tym czasie *Goeben* pomyślnie dotarł do Bosforu od strony wybrzeża rumelijskiego.

Błąd Eberharda wywołał we flocie powszechne niezadowolenie. Admirał, przezywany otwarcie Goebenhardem, został w końcu zdymisjonowany. Nowym dowodzącym został przybyły z Floty Bałtyckiej wiceadmirał A. W. Kołczak.

Los, jakby chcąc natychmiast potwierdzić słuszność tego wyboru, z miejsca dał nowemu dowódcy okazję do wyróżnienia się. 9 lipca nadeszła wiadomość, że *Breslau* szykuje się do dywersyjnego wypadu pod Noworosyjsk. Kołczak natychmiast wyszedł w morze na pokładzie *Impieratricy Marii*.

Z początku wszystko układało się doskonale. Kurs i czas wyjścia *Breslaua* były znane, punkt przechwycenia wyliczony bezbłędnie. Wodnosamoloty eskortujące *Impieratricę Marię* odstraszyły czatujący na wyjście pancernika okręt podwodny U–7, uniemożliwiając mu zajęcie pozycji do ataku torpedowego. Niszczyciele płynące przed pancernikiem w wyznaczonym punkcie przechwyciły *Breslaua* i związały go walką.

Polowanie zaczęło się według odwiecznych reguł — niszczyciele jak psy gończe uporczywie przyciskały próbujący uciekać niemiecki krążownik do wybrzeża, *Kaguł* pełnił rolę nagonki, nieustępliwie „wisiał na jego ogonie", strasząc Niemców salwami swoich dział — szkoda tylko, że krótkimi. *Impieratricy Marii*, płynącej z pełną szybkością, pozostawało jedynie czekać aż zwierzyna sama wejdzie w celownik, wybrać odpowiedni moment i oddać celną salwę. Ale właśnie z tym pancernik miał kłopot. Z raportów ciężko osądzić, kto miał rację, czy to niszczyciele rzeczywiście nie podołały ciężarowi odpowiedzialności, korygując ogień pancernika, czy też to jego dowódca nie chciał ryzykować wyczerpania zmniejszonego zapasu amunicji przedniej wieży, strzelając na oślep przez zasłonę dymną — dość, że nie udało się nakryć uciekającego krążownika żadną z wystrzelonych salw.

Gdyby rosyjski okręt liniowy miał na dziobie dwie wieże, ich ogień prowadzony w kierunku najbardziej intensywnej strefy zasłony dymnej musiałby doprowadzić do nakrycia celu i być może uszkodził go na tyle, by zmniejszyć jego prędkość — a może nawet od razu zniszczyć.

Fleet Commander was left in Odessa, until news of the *Goeben* and *Breslau* bombarding Tuapse and Sochi reached him, prompting Admiral Eberhard to join his ships.

The Russian operation was unnecessarily prolonged, instead of a quick interception of the enemy ships half way to Novorossiysk, and Admiral Eberhard grew nervous. He decided that the enemy he could not find had already turned tail again and returned for the safety of Bosporus, and therefore he ordered his fleet, including *Imperatritsa Yekaterina Velikaya* back to Odessa. Should he left her on her picket post, she would chance upon them on their way back to Bosporus, leading along the Rumelian coast. Admiral Eberhard's indecision and faults provoked dissatisfaction throughout the fleet. The C-in-C of German descent, openly nicknamed the "Goebenhard", was finally relieved of his post. Vice Admiral A. V. Kolchak from the Baltic Fleet became the new Black Sea Fleet C-in-C.

As if to give the new commander a chance to show what stuff is he made of, the fate had it, that the *Goeben* and *Breslau* shown up again. On July 9 the intelligence again warned of a possible Novorossiysk raid. Kolchak immediately left Odessa on board the *Imperatritsa Maria* to repel the intruders.

At first everything went just brilliantly. The course and *Breslau's* date of departure were known, and the interception point was calculated faultless. The aerial escorts scared off the U–7, holding a picket post at the Odessa harbor entrance, so that the enemy was not aware of the battleships sortie. The destroyers steamed ahead of the force, intercepted the *Breslau* precisely at the calculated position and engaged her.

The hunt begun according to the centuries old recipe — the light forces, serving as bloodhounds, relentlessly forced the fleeing cruiser to the coast, the Russian cruiser *Kagul* served as a battue, hanging astern of the *Breslau* and making much noise (but almost no harm) with her guns, notoriously hitting short of a target. All *Impe-*

► Dowodzący Flotą Czarnomorską, wiceadmirał A. W. Kołczak

► Black Sea Fleet C-in-C, Vice Admiral A. V. Kolchak

▲▼ *Impieratrica Jekatierina Wielikaja* na kotwicy (górne zdjęcie) i w sewastopolskim suchym doku

▲▼ *Battleship Imperatritsa Yekaterina Velikaya at an anchor (above) and in Sebastopol's drydock*

Zmuszony do rozpaczliwych manewrów (maszyny, jak pisał niemiecki historyk, były u kresu wytrzymałości), *Breslau* — pomimo rozwijania 27 węzłów — nieuchronnie tracił dystans, który zmniejszył się ze 136 do 95 kabli.

Osaczonego przeciwnika uratował czysty przypadek — nieoczekiwany szkwał. Ukrywszy się za ścianą deszczu, *Breslau* dosłownie prześliznął się przez pierścień rosyjskich okrętów i trzymając się blisko brzegu, przemknął do Bosforu.

ratritsa Maria had to do, was to seat quiet and wait for the quarry to enter the cross hairs and then steadily pull the trigger. And that proved too much a responsibility for her. It is difficult to judge from the contradicting reports who was wrong or right, were the destroyers inadequately equipped to effectively direct the battleship's fire, or was her skipper reluctant to waste the reduced ammunition complement of the forward turret in firing at the smoke screen, the end result was, that neither of the salvoes fired upon the fleeing *Breslau* hit, or even straddled her. Should there be two forward turrets superimposed, the fire could have been much more effective, capable of damaging, or even destroying her. And the chances were really promising. The German historian related later, that the cruiser was forced to desperate maneuvering, forcing the worn engines to the edge and beyond. Despite making 27 knots, the distance between the hunter-turned-hunted and the persecutors diminished from 136 cable lengths to a mere 95.

And then the German ships luck struck again — an incidental squall hitting all of a sudden, covered the *Breslau*, and she fled into the wall of rain, disappearing from view of the Russian fleet. Then she slid literally between the surrounding hunters and hugging the coast, made it for the Bosporus to lick the wounds.

Dwadzieścia pięć eksplozji w Zatoce Północnej

Twenty Five Explosions in the Northern Bay

Po przystąpieniu do wojny Bułgarii (we wrześniu 1915 roku, po stronie Mocarstw Centralnych) oraz Rumunii (w sierpniu 1916 roku, po stronie Ententy), cały basen Morza Czarnego stał się teatrem działań wojennych. Uzyskując do swojej dyspozycji porty, nadbrzeżne punkty obserwacyjne i radiostacje Bułgarii, po przekształceniu Warny w bazę niemieckich okrętów podwodnych, przeciwnik bardzo utrudnił działania Floty Czarnomorskiej. Rosja odpowiedziała, przeprowadzając zakrojone na szeroką skalę operacje, w wyniku których działania niemieckich i tureckich okrętów zostały prawie całkowicie sparaliżowane. Efekty tych działań, poza sukcesami taktycznymi, przyniosły następstwa wykraczające poza granice teatru działań wojennych, na którym się dokonały. Udana ofensywa na froncie kaukaskim zmusiła przeciwnika do przerzucenia wojsk do Turcji, odłożenia planów operacji na Bałkanach, zaś ścisła blokada rejonu węglowego groziła pozbawieniem paliwa floty tureckiej, włączając w to *Goebena* i *Breslaua*. Trzeba było przywozić do Turcji węgiel z zapasów niemieckiej floty i osłabić wojnę podwodną na Atlantyku, by przerzucić okręty podwodne, których usilnie domagał się admirał Souchon. W ten sposób czarnomorskie drednoty, choć nie odniosły żadnych głośnych zwycięstw, przejawiały swoje znaczenie strategiczne i miały wpływ na przebieg wojny.

W trakcie zakrojonych na olbrzymią skalę operacji minowych postawiono 12 pól, liczących łącznie 3557 min,

After Bulgaria and Rumania joined the war, accordingly in September of 1915 on the Central Powers side, and in August of 1916, on the side of the Allies, the whole of the Black Sea basin became a war zone. With ports, radio stations, observation posts along the Bulgarian coast and a submarine base at Varna, the enemy was able to hinder the Black Sea Fleet operations. The Russians then counterattacked with a series of large scale operations, completely paralyzing the Turkish and German naval actions. The effect of these operations was much more than a tactical success, and the strategic implications were being felt way outside the theater of operations. The successes of the Caucasus offensive made the enemy reinforce their armies in Turkey at the expense of the plan to conquer the Balkans, and the strict blockade of the coal-producing regions threatened to immobilize the Turkish Fleet, including their only valuable assets, the *Goeben* and *Breslau*. To operate these, it was necessary to import the coal from as far away as Germany, and curtail the Atlantic U-Boat warfare to reinforce the Black Sea submarine forces, so insistently demanded by Admiral Souchon. And so the Black Sea Fleet Dreadnoughts, although never crowned with laurel wreath for any significant tactical achievement, had a pronounced influence on the course of war.

To counter the Turkish naval threat, a large mine-laying operation was planned and executed, during which 12 mine fields with 3557 mines were planted on the ap-

▼ *Impieratrica Maria* — powrót do Sewastopola po kolejnym bojowym rejsie

▼ *Battleship Imperatritsa Maria returning to the home base after another battle sortie*

na podejściach do Bosforu, Warny i Konstancy. Tym samym siły nawodne przeciwnika zostały ostatecznie zamknięte w Bosforze, natomiast niemieckie okręty podwodne, po stracie dwu z nich, zmuszone były zrezygnować z bazowania w Warnie i do maja 1917 roku nie pojawiały się na morzu. Dla osiągnięcia tego sukcesu, tylko w drugiej połowie 1916 roku pancerniki wychodziły w morze 24 razy.

Narastało zmęczenie zarówno okrętów, jak i ich załóg. Po pełnych napięć rejsach i bezsennych wachtach na bojowych stanowiskach, po powrocie z morza okręt tonął w krzątaninie nieustannych uzupełnień paliwa, amunicji, wody, zapasów żywności. W odróżnieniu od nowych niszczycieli opalanych całkowicie ropą, drednoty pozostały uzależnione od kłopotliwego w użyciu paliwa stałego. Nadal więc zginały się marynarskie plecy pod ciężarem pięciopudowych (82 kg) worków, skrzypiał w zębach wszędobylski pył węglowy, do dziś jako nieme świadectwo epoki osypujący się spośród kart dziennika okrętowego — tym bardziej, że do opalania potężnych maszyn pancernika potrzeba go było znacznie więcej. Ropę — jedynie 500 t (w stosunku do 1700 t, a na *Impieratricy Jekatierinie Wielikoj* nawet 2000 t pełnego zapasu węgla) przechowywano jako rezerwę paliwa dla eskortujących niszczycieli.

Nadal na pokładzie pojawiali się cywilni robotnicy. Stocznia cały czas naprawiała swoje i cudze niedoróbki, wymogi wojny dodawały nowych trosk. Wciąż prowadzone były prace w wieżach i komorach amunicyjnych, na górnym pokładzie i przy burtach. Po zamontowaniu ulepszonych wytyków do sieci przeciwtorpedowych, na okręcie pojawiły się nowe przeciwlotnicze działa kalibrów 47, 63,5 oraz 75 mm. Ich ustawienie wymagało wygospodarowania dla nich magazynów amunicyjnych i systemów podawania pocisków, o co w zagraconym wnętrzu okrętu nie było łatwo.

Do tych zwyczajnych kłopotów, zmartwień i krótkich godzin wypoczynku *Impieratrica Maria* powróciła z kolejnego rejsu bojowego 6 października 1916 roku. Tuż przed 22.00, podczas wachty miczmana A. N. Mielnikowa, opuścili pokład ostatni ze 150 pracujących w tym dniu robotników i na pancerniku, już od 20.00 zanurzonym we śnie, nastała całkowita cisza. W półmroku przygaszonego oświetlenia czuwali na swoich stanowiskach dyżurni wachtowi, strzegąc odpoczynku załogi. Z prawej strony niewyraźnie majaczyły brzegi jaru Kurinaja Bałka. Nawet na redzie panował nadzwyczajny spokój — przez całą noc pojawił się tylko jeden, powracający z rejsu, okręt. O 4.30 od burty odbił kuter z udającymi się na ląd po prowiant bufetowymi i kucharzami z mesy oficerskiej i podoficerskiej. O 6.00 rozległa się pobudka. Okręt ożył, rozpoczął się nowy dzień, który dla *Impieratricy Marii* okazał się dniem ostatnim.

Z analizy przebiegu wydarzeń, którą z dokładnością do minut przeprowadził w swoim opracowaniu A. N. Kryłow, wynika, że 20 minut po pobudce marynarze przebywający koło dziobowej wieży usłyszeli syk palącego się prochu, po czym niemal natychmiast ze wszystkich luków i otworów, ulokowanych wokół wieży zaczął wydobywać się dym z przebłyskami ognia. Natychmiast rozwinięto węże pożarowe, meldując oficerowi wachtowemu o powstałej sytuacji. Na okręcie ogłoszono alarm pożarowy i rozkazano zatopić komory amunicyjne. Zanim do tego doszło, półtorej, może dwie minuty później nastąpiła potężna eksplozja, po której słup ognia i dymu uniósł się na wysokość 300 m. Górny pokład za wieżą

proaches to Bosporus, Varna and Constanta. The surface fleet got completely entrapped in Bosporus, while the German submarines, following losing the two of their number to the Russian mines, abandoned Varna as a base, almost disappeared from the Black Sea until May of 1917. To achieve that goal, in the latter part of the 1916, the two Black Sea Dreadnoughts took part in 24 operational sorties.

Both the ships, and their crews grew tired by the frantic pace of events. After the sorties rich in suspense and sleepless nights spent at the battle stations, the dangerous life of a sailor was turning into one of hard labor, with all the coaling, loading fresh water, supplies, food and ammunition. Contrary to the modern destroyers with oil-burning boilers, the Dreadnoughts were still coal-addicts. Still the sailor's back sagged under the weight of the 82-kilogram coal sacks, the ubiquitous coal dust crunched in the teeth, leaving black deposits, pouring from between the ship log pages even today as a mute testimony of the yesteryear. It was more coal and coal dust as ever, because the ships were the largest ever serving in the Black Sea Fleet and their boilers were more thirsty. The oil supply, a mere 500 tonnes, compared to 1700 tonnes of coal (and even 2000 tonnes at the *Imperatritsa Yekatrina Velikaya*), which was treated only as an emergency additive to the coal, was generally reserved for the escorting destroyers to enhance their range.

And still the contract workers were swarming the decks. The yards were still amending something done wrong, new developments called for fixes and improved apparatus. There were still repairs going on in the ammunition magazines, turrets, on the upper deck and the sides. After the new, more effective booms were installed for the torpedo nets, the anti-aircraft armament got reinforced with additional 47, 63.5 and 75 mm guns. To place them, space for the pedestals, ammunition lockers and hoists had to be found and adapted, which was difficult in a cramped hull of the Dreadnoughts.

On October 6, 1916, the *Imperatritsa Maria* returned from another battle sortie to all of this maelstrom of activity. Just before 2200 hrs, during Chief A. N. Melnikov's watch, the last outside workers left the ship, dorming after the taps were played already at 2000 hrs. The huge ship quieted down, with only watch NCOs and officers vigilant in the dimmed light of their posts. Even the port quieted down, as almost never before — only one ship entered the harbor on that night, returning to base, no one left. At 0430 hrs the supply party left to bring fresh food for the mess. At 0600 hrs the reveille was sounded, and the day begun anew for the sailors. The ship woke up — on what transpired to be her last day in life.

Later events are known from the investigative committee report, written by A. N. Krilov, recreating the fateful day minute by minute. Twenty minutes after the reveille, the sailors reported a hiss of burning powder being heard from the forward turret, followed by the smoke with flashes of a flame. Immediately, without waiting for the order to do so, fire hoses were unreeled and water was being poured into all openings that the smoke was filtering through. The duty officer ordered ammunition storage rooms be flooded and fire alarm be sounded. Before the flooding order brought about any effect, just a minute and a half or two after it was issued, a tremendous explosion rocked the ship, with a pillar of smoke, fire and debris reaching as high as 300 meters (more than 900 ft). The upper deck behind the forward

dziobową został na całej szerokości zerwany, odsłaniając płonące pomieszczenia zęzowe, w których zapaliły się zbiorniki z ropą. Nadbudówka wraz z pomostami, fokmaszt i przedni komin wyleciały w powietrze, rozrzucone po okolicy jak zabawki. Dziobowa wieża została przemieszczona i, według relacji świadków, osiadła tylną częścią, unosząc lufy dział. Około 100 marynarzy przebywających w dziobowych przedziałach i na pokładzie zostało zabitych lub rannych, poparzonych albo wyrzuconych za burtę. Rozerwanie magistrali parowej przypieczętowało los okrętu. Stanęła elektrownia okrętowa, zabrakło prądu, w przedziałach zgasło oświetlenie, a pompy pożarowe przestały podawać wodę. Systemy przeciwpożarowe nie były zdublowane, podobnie jak zasilanie w energię elektryczną, gdyż agregaty dieslowskie skreślono z projektu. Pozbawiony wsparcia pomp proces zalewania komór amunicyjnych znacznie się opóź-

turret buckled and then peeled off completely, uncovering the hull insides all the way to the bilge, where the oil tanks caught fire. The conning tower with bridge, foremast and forward smokestack were blown away, scattered around like toys. The forward turret got dislodged, canted rearwards according to the witness testimonies, so that the barrels were lifted. About 100 sailors from the deck and bows compartments were killed, wounded, burned or blown overboard by the force of the explosion. The steam pipelines got severed, and that sealed the fate of the ship — without steam the electricity plant stopped, there was no longer current to power the water pumps for firefighting. The firefighting equipment was totally dependent on electric power, and as the auxiliary Diesel generators were scratched from the design, there was no longer current to power these. Without the pumping, flooding of the ammunition storage rooms was

◀ 7 października 1916 roku o 6.22 wewnętrzny wybuch wstrząsnął pierwszym czarnomorskim drednotem, kładąc kres jego krótkiemu istnieniu

◀ On October 7, 1916, at 0622 hrs an internal explosion shook the first Black Sea Fleet Dreadnought, ending her short service career

◀ Eksplozja na *Impieratricy Marii*. Rysunek świadka wydarzeń, malarza resortu marynarki A. W. Ganzena / z albumu „Wspominając rosyjską cesarską flotę", Moskwa 2001

◀ Battleship *Imperatritsa Maria* explosion — drawing by the eyewitness, A. V. Ganzen, painter commissioned by the Navy Department / reproduced from the "Remembering the Imperial Russian Fleet" album, Moscow, 2001

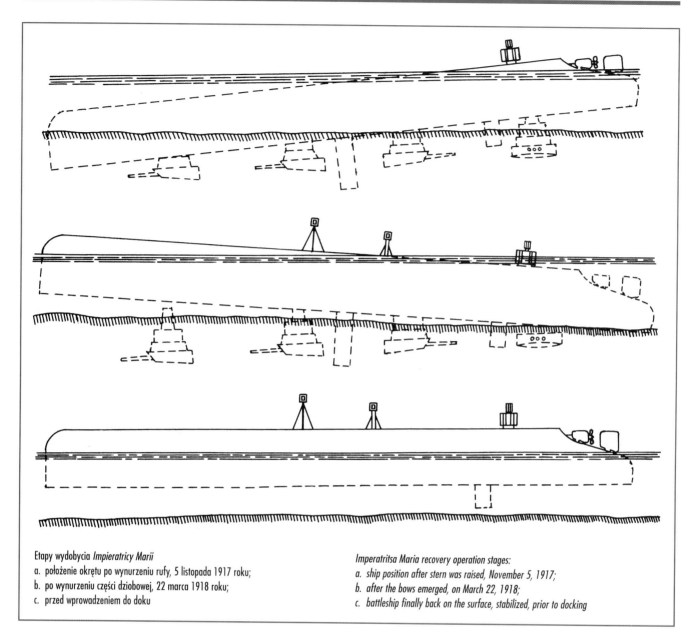

Etapy wydobycia *Impieratricy Marii*
a. położenie okrętu po wynurzeniu rufy, 5 listopada 1917 roku;
b. po wynurzeniu części dziobowej, 22 marca 1918 roku;
c. przed wprowadzeniem do doku

Imperatritsa Maria recovery operation stages:
a. ship position after stern was raised, November 5, 1917;
b. after the bows emerged, on March 22, 1918;
c. battleship finally back on the surface, stabilized, prior to docking

nił. Do większości zaworów dennych po prostu nie było możliwości dotarcia, lecz wielu marynarzy zginęło, bohatersko starając się spełnić swój obowiązek do końca. Pomocnik starszego mechanika, starszy lejtnant (por. mar.) W. G. Pafomow z dwoma marynarzami przedostali się do wypełnionego dymem pomieszczenia i pokonując ogromne zwały pogiętych konstrukcji, dotarli do zaworów zatapiania komór amunicyjnych wieży Nr 2. Zdołali je odkręcić, zapobiegając tym samym kolejnej niszczycielskiej eksplozji.

Flota już spieszyła na pomoc *Impieratricy Marii.* Barkasy pożarnicze, które podeszły do okrętu, przerzuciły węże na pokład, ludzie desperacko próbowali zdławić szalejący ogień. Szalupy i kutry zbierały marynarzy wyrzuconych za burtę, ewakuowały rannych i poparzonych.

Już w kwadrans po wybuchu na okręt przybył dowódca Floty Czarnomorskiej, wiceadmirał A. W. Kołczak, który, jak później meldował carowi, przede wszystkim dążył do „ograniczenia rozprzestrzeniania explo-

▶ Inżynier okrętowy sewatopolskiego portu, W. I. Kramp, biorący udział w operacji podnoszenia pancernika

▶ *Naval engineer of the Sebastopol Naval Base, V. I. Kramp, taking part in the recovery works on the battleship*

zji, których skutki mogłyby przynieść ogromne szkody na redzie i w mieście". Na jego rozkaz odholowano w bezpieczne miejsce pancernik *Impieratrica Jekatierina Wielikaja*, ponieważ na jego rufę zaczęły spadać palące się pojemniki z prochem, wyrzucane kolejnymi wybuchami z komór amunicyjnych *Impieratricy Marii*. Lecz wszystkie przedsiębrane środki — nieustanne zalewanie pożaru wodą, obrócenie okrętu burtą do wiatru oraz próby odciągnięcia rufy od brzegu (nie udało się uwolnić łańcucha od boi cumowniczej) — okazały się niewystarczające.

Kolejne, znacznie już słabsze eksplozje, których według różnych relacji naliczono od 14 do 25, wciąż wstrząsały okrętem, potęgując zniszczenia.

O 7.02 nastąpił kolejny potężny wybuch, niemal tak silny, jak na początku pożaru. Wybuch ten, jak później przypuszczano, zerwał pokrywy podwodnych aparatów torpedowych. Dziobowa część okrętu, w której eksplozje zniszczyły wszystkie grodzie wodoszczelne, zaczęła zapełniać się wodą.

Po upływie 6–7 minut pancernik, wciąż wstrząsany kolejnymi wybuchami, osiadł w wodzie dziobem po pokład. O 7.12 stewa okrętu (głębokość wody pod kilem wynosiła tylko od 8 do 12 m) dotknęła dna. Na wpół zatopiona *Impieratrica Maria* zaczęła się przechylać na prawą burtę, a w końcu przewróciła się i po czterech minutach utrzymywania się na powierzchni stępką do góry, zatonęła. Wir tonącego pancernika wciągnął pod wodę także kuter parowy, który znalazł się w niebezpiecznej strefie. Przybyłe na miejsce katastrofy łodzie ratunkowe podjęły z wody 225 rannych i poparzonych ludzi, z których później zmarło 85. Ogółem z liczącej 1225 osób załogi zginęło ponad 300 ludzi — informacje o dokładnej ilości ofiar różnią się między sobą.

W zatopionym kadłubie jeszcze przez dwie doby rozlegało się rozpaczliwe stukanie uwięzionych w jego pomieszczeniach marynarzy. Bezsilnym krzykiem pożegnania, płaczem i łzami całej floty po zmarłych, trzy minuty pod koniec tego czarnego dnia wyła ponad redą syrena osieroconej *Impieratricy Jekatieriny Wielikoj*.

a slow process. Most of the sea cocks were out of reach because of the debris blocking access. Many sailors died, trying to do their duty to the end. An assistant chief engineer of the battleship, starshy leytnant (Lieutenant Junior Grade) V. G. Pafomov, together with the two sailors wriggled their way through the rubble into the smoke-filled compartment, housing the Nr.2 ammunition storage rooms sea cocks and opened them, thus preventing another destructive explosion — for a time at least.

The fleet was already rushing to help the stricken *Imperatritsa Maria*. The firefighting tugs were positioned at the sides of the ship, fire hoses thrown over the boards, and the sailor tried their utmost to quell the burning inferno. In the same time whaleboats and powerboats from another ships were fishing out sailors thrown overboard and evacuating the wounded and burned.

Vice Admiral Kolchak, the Fleet Commander, was present at the scene a mere 15 minutes after the first explosion. As he later reported to the Tsar, his actions were aimed mostly at "reducing the threat of the fire spreading out to another ships, which could have disastrous effect on the roadstead and in the city alike". Under his orders the *Imperatritsa Yekaterina Velikaya* was towed towards safety, after burning powder kegs thrown by subsequent smaller explosions aboard the *Imperatritsa Maria* were reported to rain "all over her fantail". Despite all the efforts, pumping water, turning the ship sideways to the wind, attempts to haul it clear off the berth (unsuccessful because the stern bridles could not be released from the buoy), the ship was doomed from the onset.

Subsequent explosions, weaker, but nevertheless dangerous, were rocking the ship. The witnesses vary in tallying these — between 14 and 25 were recorded.

Less than an hour after the first explosion, at 0702 hrs, another tremendous explosion, almost as violent as the original one, roared above the anchorage. This explosion proved fatal, as it blew the torpedo tubes end caps and water started to enter the damaged bows of the ship, where all the watertight bulkheads were already destroyed.

◄ Na dennej części pancernika, po jego ostatecznym wynurzeniu. Na dalszym planie — wiata nad komorami śluzowymi. 1918 rok

◄ On top of the battleship keel, after she finally emerged. Note the wooden shed over the lock chambers, visible in the background. 1918

▼▶ Holowanie *Impieratricy Marii* (po prawej) i wprowadzenie pancernika do doku. 1919 rok

▼▶ Battleship *Imperatritsa Maria* being towed to the dock (right) and entering the dock in 1919

▼ *Impieratrica Maria* po wstawieniu do doku i odpompowaniu wody. 1919 rok

▼ Battleship *Imperatritsa Maria* in a dry dock after pumping out the water, 1919

Six, seven minutes later, the battered hull, still shaken by the internal explosions, started to sink, bows first, and the water soon reached the forecastle deck. At 0712 hrs the stem rested on the bottom of the 8 to 12 meters deep basin. Now the half sunk battleship started to list, and then suddenly rolled to starboard, and capsized. After four minutes the keel disappeared under the water. The vortex created by the suddenly sinking ship sucked in also a steam powerboat, rushing to the rescue. Other lifeboats fished out 225 survivors, mostly wounded and burned, of which 85 later succumbed to their wounds. From a total of 1225, over 300 were killed — the reports argue to the exact number. Witnesses related, that frantic hammering of the entrapped sailors could be heard from inside the wreck as long as two days after the disaster, though official reports disclaimed that. The *Imperatritsa Yekaterina Velikaya* wailed over the loss of her sibling with a long three minutes mourning shriek of her horn on the evening of that sad day.

The shock, sadness and violent nature of the disaster gave birth to numerous hearsays, one more fantastic than the other. One of the more popular stories attributed it to the act of sabotage. A special Sea Ministry investigative committee was sent from Petrograd to investigate

◀ Budowanie pierścieniowego kesonu do wydobycia wież artylerii głównej pancernika

◀ Ring-caisson is being erected to aid in the recovery of the main battery turrets of the battleship

◀ Jedna z wież *Impieratricy Marii* po wydobyciu. 1933 rok

◀ One of the Imperatritsa Maria main battery turrets after the recovery in 1933

Szok, bezsens tej tragedii i niepojęta gwałtowność wypadków rodziły plotki, jedną od drugiej fantastyczniejszą. Wraz z opowieściami o męczarniach żywcem pogrzebanych szerzyły się obrastające coraz nowymi szczegółami pogłoski o dywersji. Ustaleniem przyczyn pożaru zajęła się specjalna komisja śledcza Ministerstwa Morskiego, która przybyła z Piotrogrodu. Na jej czele stanął członek Rady Admiralicji, admirał N. M. Jakowlew. Na członka komisji i głównego eksperta do spraw okrętownictwa został wyznaczony generał do specjalnych poruczeń przy ministrze morskim, generał-lejtnant floty, rzeczywisty członek Akademii Nauk, A. N. Kryłow. On też był autorem wniosków ze śledztwa, jednogłośnie zaakceptowanych przez komisję.

Komisja skoncentrowała się na tylko jednym aspekcie sprawy — na zbadaniu przyczyny pożaru, który spowodował tak tragiczne dla okrętu eksplozje. Z trzech możliwych wersji, dwóch pierwszych — samozapłonu prochu oraz niedbałego obchodzenia się z ogniem albo

the case, headed by the member of the Admiralty Board, Admiral N. M. Yakovlev. One of the members and chief technical expert of the board was A. N. Krilov, the Sea Minister's "Administrative General Officer", holding a unique Russian rank of the "Lieutenant-General of the Fleet", and a fellow of the Academy of Sciences. He was the author of the committee's report technical part, unanimously voted by the members of the committee. The inquiry concentrated upon the crucial question of the origin of fire, that brought about the disastrous explosions. Of the three possible causes, two — self-ignition of the powder and negligence in handling explosives — were "not excluded" by the inquiry. The third — a premeditated act of sabotage — was totally rejected, even after many deviations from the rules of access to the ammunition handling area of the ship were revealed, and after it transpired, that no one exercised any degree of control over the outside workers admitted on board. In our security-minded times it would seem incredulous

z ładunkami miotającymi — komisja w zasadzie nie odrzucała. Trzecia możliwość — rozmyślne spowodowanie pożaru przez dywersanta — została przez komisję w całości odrzucona, nawet po ustaleniu szeregu odstępstw od przestrzegania zasad wstępu do komór amunicyjnych oraz braku kontroli nad znajdującymi się na pokładzie robotnikami. Tych ostatnich w ogóle nikt nie kontrolował, ani nie sprawdzał im dokumentów przy wejściu na trap, licząc tylko „głowy", zgodnie z dawną tradycją wojskową. Komisja uznała jednak możliwość zamachu za mało prawdopodobną. Istnieje również wersja, po raz pierwszy wysunięta przez byłego bosmana okrętowego pancernika, miczmana W. W. Uspieńskiego, zgodnie z którą kanonierzy mieli wykorzystywać taśmy nitrocelulozowego prochu bezdymnego jako materiał do zelowania butów. Wedle tej teorii do wybuchu miałoby dojść na skutek zapłonu gazów łatwopalnych, a w następstwie — prochu z połówkowych ładunków miotających, podczas wyciągania przez marynarzy „materiału obuwniczego".

Wersji o zamachu nie potwierdzał (chociaż z jakiegoś powodu właśnie jemu się ją przypisuje) również admirał Kołczak. W swoich zeznaniach po aresztowaniu w styczniu 1920 roku wskazywał, że pożar mógł powstać z powodu samoistnego zapłonu produktów rozkładu prochu wskutek wadliwej technologii produkcji podczas wojny. Według admirała prawdopodobną przyczyną była też nieostrożność kogoś z obsługi wieży. „W każdym razie, żadnych danych potwierdzających zły zamysł nie było" podkreślił w zeznaniu.

Prace wydobywcze Impieratricy Marii rozpoczęto w tym samym 1916 roku, zgodnie z projektem opracowanym przez A. N. Kryłowa. Po prowizorycznym uszczelnieniu poszczególnych przedziałów pancernika, należało wpompować do nich sprężone powietrze, jak do zbiorników balastowych okrętu podwodnego — powietrze miało usunąć z nich wodę, przez co pancernik miał wypłynąć na powierzchnię do góry dnem. Następnie po wprowadzeniu okrętu do doku i całkowitym uszczelnieniu kadłuba trzeba byłoby na głębokiej wodzie obrócić go na powrót i postawić na równej stępce.

Realizacja projektu rozpoczęła się pomyślnie: w listopadzie 1917 roku podczas sztormu okręt wynurzył część rufową, obnażając dno na połowie długości kadłuba, a później, wraz z przedmuchiwaniem poszczególnych przedziałów, całkowicie wypłynął 8 maja 1918 roku. Przez cały ten czas nurkowie w miarę przeglądania kolejnych pomieszczeń kontynuowali wyładunek amunicji z pancernika. Z okrętu wydobyto działa kalibru 130 mm i część mechanizmów pomocniczych. W 1919 roku wrak wprowadzono do doku, ale nie podjęto prac nad uszczelnieniem. Potem na skutek zamętu rewolucyjnego pancernik leżał porzucony i prac nie kontynuowano.

Na skutek tych zaniedbań w roku 1923 runęły nadgniłe podpory, przez co kadłub pancernika osiadł i ugiął się, a sam dok z powodu uszkodzenia wrót zatonął. Na czas prac remontowych w doku okręt został odholowany na mieliznę u wejścia do zatoki. W 1926 roku pancernik w tej samej pozycji ponownie wprowadzono do doku i w ciągu roku rozebrano go na złom. Później wydobyte zostały wieże artylerii głównej okrętu. Działa kalibru 305 mm z Impieratricy Marii, ustawione na baterii nadbrzeżnej Nr 30 pod Sewastopolem, w latach 1941–1942 do ostatniego ładunku — bo pociski skończyły się wcześniej — odpierały szturm hitlerowskich wojsk oblegających twierdzę.

that the only means of control at the entrance to a capital warship of a combatant fleet in a forward base during a war was a simple headcount! Nobody searched the working parties before they entered or after they left the ship, nobody even checked their identity papers! And yet the sabotage theory was rejected out of hand. There is another, fourth theory trying to explain the origins of the disaster, that the former *Imperatritsa Maria's* chief of the boat, Master Chief Boatswain's Mate V. V. Uspensky, proposed. According to him, the gunners were stealing nitrocellulose powder stripes from the main propelling charges, to sell it to shoemakers, who amongst the war time shortages of materials, used these to make the soles out of it. While rummaging through the silk sacks, an accidental static electricity spark was enough to ignite the etheric fumes and as a consequence — the powder stored in the ammunition room.

The sabotage story was also rejected by the Vice Admiral Kolchak himself although, ironically, it is him, whom the conspiracy theories about the *Imperatritsa Maria* disaster are generally attributed to. In his testimony after being arrested in 1920 by the Bolsheviks, he again testified that the *Imperatritsa Maria* disaster was most likely triggered by the fault in electric system or the self-ignition due to some fault at the powder factory, where wartime technological shortcuts could have resulted in a dangerously unstable final product. Kolchak admitted that negligence of someone from the turret crew could also bring about the disaster. "In any case, I have been given no evidence of any kind to support the conspiracy theory" — he stressed in his testimony.

The recovery of the *Imperatritsa Maria* was started the same year 1916, to the A. N. Krilov designed method. After provisional sealing of the individual compartments of the hull, these were blown with compressed air to refloat — just like in the submarine's ballast tanks. This was to be continued until the hull surfaces keel up. Then she was to be towed to the dry dock, left there to allow the water flow away, then made completely watertight again, led out to the deep water, rolled over again, and thus righted, drydocked again to be rebuilt. The recovery effort started favorably: in November of 1917, during a storm, the stern emerged, showing almost a half of the ship's length. Then, gradually, other parts of the ship were showing, until on May 8, 1918, all of her bottom was visible over the surface of the water. All that time the divers of the Navy explored the wreck, unloading the ammunition magazines, stripping the secondary battery guns, some of the auxiliary machinery. Later on, amongst the revolutionary confusion, the effort was abandoned for a while, then in 1919 she was drydocked, and again abandoned.

As a result of that abandonment, in 1923 the wooden stands rot through and the hull settled, buckling under it's weight. The shifting hull damaged the dock gate, and the drydock sank. The wreck was then towed away to the sandbank near the harbor entrance, pending the repair of the dock. In 1926 she was reintroduced into the dry dock, still keel-up, and over a year broke down for scrap.

Later on, in late 1930s, the turrets of the *Imperatritsa Maria* were recovered. The 305 mm guns of the battleship were sent to the No. 30 coastal artillery battery, guarding the approaches to Sebastopol. In 1941–42 the battery defended the city against the encircling Germans to the last propelling charge — the projectiles were used up earlier on.

Okręty uciekają pod flagą świętego Andrzeja

Ships on the Run under the Saint Andrew's Ensign

Impieratrica Maria zginęła, lecz nawet po wykreśleniu ze składu floty, istniała w jej pamięci, tradycjach, doświadczeniu bojowym, jakie jej załoga przeniosła na inne okręty. Po przeżyciu szoku, po nie widzianej dotąd w rosyjskiej flocie katastrofie, śmierci towarzyszy i utracie okrętu, członkowie załogi *Impieratricy Marii* długo nie mogli przyjść do siebie. Wypoczynek, leczenie poszkodowanych w szpitalu, materialne wynagrodzenie, nagrody za bohaterskie czyny i poświęcenie pomogły marynarzom powrócić do szeregów. Część załogi przeniesiono na odbudowany (po zatopieniu pod Odessą) zdobyczny turecki krążownik *Medjidieh*, który otrzymał nazwę *Prut*. Przestarzałe tureckie działa krążownika wymieniono na rosyjskie armaty 130 mm, z których część pochodziła z *Impieratricy Marii*. Także na innych okrętach dla uzupełnienia zasobów bojowych wykorzystano mechanizmy i zapasy amunicji *Impieratricy Marii*: ich wydobycie z zatopionego okrętu stało się pierwszorzędnym zadaniem prac ratowniczych. Znaczna część załogi została przeniesiona na wykańczany w stoczni Russuda w Nikołajewie pancernik tego samego typu: *Impierator Aleksandr III*. Na okręcie tym stanowisko zastępcy dowódcy objął kapitan 2. rangi (kmdr por.) A. A. Grigorienko, także jeden z ocalałych członków załogi pierwszego czarnomorskiego drednota.

Trzygodzinne próby maksymalnej prędkości *Impieratora Aleksandra III* zostały przeprowadzone 4 sierp-

The *Imperatritsa Maria* was lost, but even long after her name was stricken from the fleet list, she lived on in the memory and battle experience of her crew, serving on other ships of the fleet. After the trauma of the disaster the Russian Navy never before experienced, the deaths of so many friends and their ship, the crew members of the *Imperatritsa Maria* were recovering for a long period. They were given leaves, the wounded were treated in hospitals, everybody got an extra survivor's pay, medals were handed out, and the public sympathy helped the ex-crew members to return to the service. Many of them were given the satisfaction of crewing the captured Turkish cruiser *Medjidieh*, recovered after being scuttled in a battle outside the Odessa, and re-named *Prut*. It was also re-armed with better Russian 130 mm guns, most of which were recovered from the *Imperatritsa Maria*, along with the ammunition and auxiliary machinery now installed aboard the *Prut*. Other survivors were sent to Nikolayev, where a third Black Sea Dreadnought, the *Imperator Alexandr III*, was being fitted-out at the Russud shipyard. Captain Second Class (Commander) A. A. Grigorenko, the *Imperatritsa Maria* survivor, was appointed the new battleship's First Lieutenant (Executive Officer).

On August 4, 1917 the third Black Sea Dreadnought commenced the sea trials. During a three-hours flank speed trial, a 23,738 tonnes displacing (thus 1138 tonnes

▼ Okręt liniowy *Wolia* (do 17 kwietnia 1917 roku — *Impierator Aleksandr III*) przy pomocy holownika opuszcza stocznię. 26 czerwca 1917 roku

▼ Brand-new battleship *Volya* (Russian for „Freedom"), how the *Imperator Alexandr III* was re-named on April 17, 1917, leaves the shipyard on June 26, 1917

nia 1917 roku. Przy wyporności 23.738 t, tzn. o 1138 t większej od zagwarantowanej kontraktem, zanurzenie dziobu wyniosło 8,64 m, rufy — 8,81 m, średnia prędkość dwóch przebiegów — 20,95 węzłów, maksymalna — 21,45 węzłów przy średniej mocy mechanizmów 27.270 KM i maksymalnej — 28.957 KM.

Miesiące luty i marzec 1917 roku przeszły w bazach Floty Czarnomorskiej, w odróżnieniu od baz nadbałtyckich, bez rozlewu krwi, zabójstw i grabieży. Specyficzne położenie dobrze izolowanej twierdzy, aktywność ciągle pływającej floty oraz wciąż jeszcze niepodważalny autorytet jej dowódcy — adm. A. W. Kołczaka — nie dopuściły do wystąpień elementów kryminalno-rewolucyjnych, które w Helsingforsie — głównej bazie Floty Bałtyckiej — po błyskawicznym zorganizowaniu się, bez przeszkód grabiły okręty i mieszkania, zabijając oficerów i podoficerów. Ferment nie przeszedł jednak bez echa — już w kwietniu esero-bolszewicka propaganda i chwytliwe w biednym społeczeństwie hasło „Grab zagrabione" spowodowały, że i w Sewastopolu zaczął szerzyć się zamęt.

Nie wytrzymując narastających demagogicznych żądań marynarzy, domagających się coraz większej wolności i rozbrojenia oficerów, admirał A. W. Kołczak wyrzucił za burtę swoją złotą szablę i opuścił flotę. To był duży błąd z jego strony. Admirał nie wykazał odpowiedniej na jego stanowisku wytrzymałości nerwowej. Nie-

overweight) ship, with a draught of 8.64 m by the bows and 8.81 m by the stern, proved capable of making a mean flank speed of 20.95 knots, with maximum speed recorded 21.45 knots, at the power output of 27,270 metric HP mean, and maximum output recorded 28,957 metric HP.

Contrary to the Baltic Fleet, where the events of February and March, 1917, turned into a vicious orgy of murder, rape, plunder and retribution, the February Revolution in the Black Sea Fleet bases went almost unnoticed at first. The Black Sea was a remote fort, far from the center of the events, and contrary to the Baltic Fleet, the Black Sea sailors were fighting a day-to-day active war. The fleet still operated, her commander, Vice Admiral Kolchak, was still an authority for all the military personnel. All of these factors suppressed the criminal mob, that organized so quick, and so deadly effective in the Helsingfors (now Helsinki, Finland) where the Baltic Fleet stationed, to plunder the ships and quarters, to kill officers and NCOs alike. It was not, however, to take long, before the wave of Bolshevik propaganda with a slogan of "Steal the stolen!", particularly popular amongst the impoverished society, reached the Sebastopol, triggering the confusion.

Vice Admiral Kolchak, the Commander-in-Chief of the Black Sea Fleet had made a grave mistake then. Faced with the escalating demagogic demands of the sailors, who wanted all the more "freedom" and disarming

► Okręt liniowy *Wolia* w czasie przeprowadzania prób zdawczo-odbiorczych

► *Battleship Volya during the yard tests*

► *Wolia* na pełnej szybkości

► *Battleship Volya at full speed*

◄ Swobodnaja Rossija — tak nazywał się od 16 kwietnia 1917 roku okręt liniowy Impieratrica Jekatierina Wielikaja

◄ Battleship Svobodnaya Rossiya (Free Russia) prior to April 16, 1917 known as the Imperatritsa Yekaterina Velikaya

◄ Wiec na pancerniku Swobodnaja Rossija

◄ Rally aboard the battleship Svobodnaya Rossiya

zależnie od wszystkiego, flota była jeszcze wciąż zorganizowaną i sprawnie kierowaną siłą, trwały działania wojenne na morzu.

4 maja 1917 roku pancernik *Swobodnaja Rossija* (tak od 18 kwietnia nazywała się *Impieratrica Jekatierina Wielikaja*) osłaniał nocne stawianie min, a potem jeszcze dwie takie operacje pod Bosforem. Podczas pierwszej z nich doszło w ciągu dnia do potyczki z *Breslauem*, powracającym z bardzo udanego dywersyjnego rajdu w ujściach delty Dunaju i koło wyspy Fidonisi. Ścigając go, *Swobodnaja Rossija* z odległości 120 kabli wystrzeliła dziewięć pocisków, które jednak padły za blisko. Towarzyszące pancernikowi niszczyciele *Gniewnyj* i *Szczastliwyj* po zbliżeniu się na odległość 60–80 kabli przez 2,5 godziny walczyły z wrogiem, lecz dowodzący zespołem stawiaczy min kapitan 1. rangi L. L. Iwanow nie wykorzystał możliwości zagrodzenia *Breslauowi* drogi odwrotu i okazania pomocy *Rossii*. Wynik spotkania był ten sam — *Breslau* znowu się wymknął. Ostatnią szansę przyłapania niemieckiego krążownika flota miała

the officers, he gave up — threw his golden saber over board into the sea and just walked away from his job. This lack of strong will encouraged the rioting sailors and gave them the triumph they were looking for. The responsibility of command proved to be a burden too heavy for Kolchak, who after all commanded a front line force during a war. But despite the commanding officer's defection, the fleet continued the warfare for some time later.

The battleship *Svobodnaya Rossiya* (as the *Imperatritsa Yekaterina Velikaya* was re-named on April 17) covered the nocturnal mine laying operation of the Black Sea Fleet on May 4, 1917. Later on she took part in two other similar operations. During the first one of these, she fought a skirmish with *Breslau* in broad daylight. The cruiser was returning from a successful raid in the Romanian Danube delta region and the island of Fidonisi. Chasing her elusive enemy in a running gun battle, the battleship fired three front turret salvoes from a distance of 120 cable lengths — all of which fell short. The

19 października 1917 roku, lecz postępujący rozkład doprowadził do tego, że załoga drednota odmówiła wykonania rozkazu. Rosjanie z przechwyconych rozmów radiowych *Breslaua* poznali plany operacji i tym razem przygotowali zasadzkę wyjątkowo starannie. Do polowania na nieuchwytnego wroga wysłano aż trzy zespoły manewrowe (2. Zespół Manewrowy prowadził w swoim dziewiczym rejsie bojowym drednot *Wolia* — do 16 kwietnia 1917 roku *Impierator Aleksandr III*). Wszystko szło zgodnie z planem, ale w kluczowym momencie *Swobodnaja Rossija* samowolnie opuściła wyznaczoną jej pozycję, z której miała ryglować pułapkę, w którą wpędzono niemiecki krążownik. Marynarze rozbroili i uwięzili oficerów, domagających się wykonywania za-

accompanying destroyers *Gnevny* and *Schastlivy* were faster, closing to 60–80 cables, and chasing the *Breslau* for more than two and a half hours. It all came to nothing, because the mining detail commander, Captain First Class L. L. Ivanov refused to help the chase and bar the enemy's path. Once again the second Black Sea Dreadnought had *Breslau* in cross-hair and she eluded the hit. The final chance to settle scores was ruined on October 19, 1917, and the events of that day can serve as a yardstick of the degree to which the once capable and effective fighting force fell within the six months of the revolutionary turmoil. From the intercepted radio traffic, the Russians knew that *Breslau* is on the prowl again, and once more tried to set an ambush. This time, to make sure of the outcome, as much as three task forces were to intercept and finally destroy the elusive enemy. The 2nd Maneuver Force steamed to that battle led for the first time by the brand-new battleship *Volya* (renamed from *Imperator Alexandr III* on April 16). Two task forces were to smoke out the *Breslau*, chasing her under the guns of the *Svobodnaya Rossiya*. Once again everything was going according to the plan, but in the crucial moment, the crew of the *Svobodnaya Rossiya* held a rally and voted to… leave the assigned ambush position! The sailors disarmed and arrested the officers, then turned around for Sebastopol and entered port on their own. No one had power enough to prosecute the mutineers.

On May 1, 1918, *Volya* and *Svobodnaya Rossiya* had led the Black Sea Fleet to Novorossiysk, ignoring the Germans, who were firing their field guns at the passing ships from the shore of Northern Bay. It was the first, and the last time, when the still united, unshaken by the future civil war, main forces of the Black Sea Fleet turned up in Novorossiysk under the St. Andrew's

▲ Okręt liniowy *Wolia* w Nowo-rosyjsku. 1918 rok

▲ Battleship *Volya* at Novoros-siysk, 1918

▼ Na pokładzie pancernika *Swo-bodnaja Rossija*, rok 1918

▼ On board of the *Svobodnaya Rossiya*, 1918

dania bojowego, a następnie sami przyprowadzili okręt do Sewastopola.

Nie poddając się prowokacjom Niemców, ostrzeliwujących z dział od strony Zatoki Północnej pokłady pancerników, *Wolia* i *Swobodnaja Rossija* 1 maja 1918 roku przyprowadziły flotę do Noworosyjska. Po raz pierwszy i ostatni pod przywróconą okrętom flagą św. Andrzeja zgromadziły się na tej redzie główne siły jednolitej, jeszcze nie rozbitej przez wojnę domową Floty Czarnomorskiej. Przebywając półtora miesiąca w Noworosyjsku i doświadczając coraz bardziej jawnego nacisku ze strony sił niemieckich (okręty podwodne i wodnosamoloty patrolowały w biały dzień kotwicowisko), marynarze próbowali zachować tę spójność i ocalić okręty dla kraju. Nowe niemieckie ultimatum — skutek haniebnego pokoju brzeskiego — postawił wszystkich

Ensign. The ships spent there one and a half month, experiencing all the more pressing German presence, with German aircraft and submarines patrolling the anchorage in broad daylight. The sailors were trying to preserve that unity and save the ships for the motherland. The new German ultimatum, resulting from the shameful separatist peace deal in Briest, put this in jeopardy, forcing everyone to choose between returning to Sebastopol and interning the ships there, believing in German promises that they will not be confiscated, or sink the ships on the spot, as the coded order from Moscow demanded. Dramatic interlude ensued, full of meetings and rallies, that polarized the crews politically and destroyed their unity. On *Volya*, after another tumultuous rally, a resolution was voted to return. On *Svobodnaya Rossiya*, the majority of the crew, as on many other

◀ *Wolia* odpływa z Noworosyjska do Sewastopola. Na pierwszym planie niszczyciel *Kiercz*. 17 czerwca 1918 roku

◀ *Battleship Volya leaves Novorossiysk for Sebastopol. Note the destroyer Kerch in the foreground*

◀ Jedna z dwóch wydobytych przez EPRON wież artylerii głównej pancernika *Swobodnaja Rossija*. 1930 rok

◀ *One of the two Svobodnaya Rossiya main battery turrets recovered by the EPRON in 1930*

▶ Zatoka Południowa Sewastopolu. Na pierwszym planie z lewej
strony — okręt liniowy *Wolia*.
Zdjęcie wykonane z niemieckiego
samolotu, 25 sierpnia 1918 roku

▶ *Sebastopol's Southern Bay. To
the left in the foreground —
battleship Volya. Photographed
from the German airplane, August 25, 1918*

przed wyborem: powrócić do Sewastopola i zawierzając obietnicom Niemców, internować tam flotę, albo zatopić okręty, czego żądał szyfrowany rozkaz z Moskwy. Pełna dramatyzmu atmosfera z ciągłymi wiecami i początkiem dezercji z okrętów, rozbiła załogi drednotów. Na *Wolii* po kolejnym burzliwym wiecu, większością głosów postanowiono powrócić do Sewastopola. Na *Swobodnej Rossii* znaczna część załogi już zawczasu, jak na szeregu innych okrętów, zeszła na ląd. Pozostali, przekonując się, że ludzi nie wystarczy do uruchomienia kotłów, przeszli na *Wolię*. Dowodzący okrętem były kapitan 2. rangi W. M. Tierientjew przekazał pancernik do zatopienia na redzie dowódcy niszczyciela *Kiercz*, W. A. Kukielowi. To on właśnie opowiedział o ostatnich chwilach i zagładzie okrętu. 18 czerwca 1918 roku niszczyciel przystąpił do zatapiania pancernika. Trzy torpedy eksplodujące przy burcie pancernika nie zrobiły na nim żadnego wrażenia — jak przypuszczano, były ustawione na zbyt małe zanurzenie i uderzyły w burtowy pas pancerza. Dopiero czwarta, ustawiona już prawidłowo, wywołała eksplozję komór amunicyjnych pomiędzy wieżami numer 2 i 3, która przebiła na wylot obie burty. Pancernik zaczął się gwałtownie przechylać, by po 3 min. 42 s przewrócić się. Jeszcze przez 37 minut utrzymywał się na powierzchni do góry dnem, podczas gdy ze wszystkich zaworów dennych biły w górę wysokie fontanny wody. Okręt zatonął na głębokości 36–40 m.

Przedsięwzięta przez EPRON w roku 1930 próba wybuchowego utorowania drogi do komór amunicyjnych pancernika, skąd chciano wydobyć zalegające je pociski, doprowadziła do eksplozji, która zniszczyła wrak. Przez dłuższy czas pozostawiono potem *Swobodną Rossiję* w spokoju. Dopiero tuż przed wojną, przy okazji wydobywania wież *Impieratricy Marii*, przypomniano sobie również o jej wieżach. Działa, elementy pancerza, mechanizmy i konstrukcje z obu okrętów przekazano flocie — posłużyły one do budowy baterii nadbrzeżnych numer 30 i 35 pod Sewastopolem.

Black Sea Fleet men-of-war, left the ship and fled inland. The rest that stayed was not enough to operate the Dreadnought and they gone to *Volya*. Commanding officer of the battleship, former Captain Second Class V. M. Terentev also left, ordering the CO of the destroyer *Kerch*, V. A. Kukel, to sink her in the roadstead. It was Kukel who related the last minutes of the former pride of Black Sea Fleet. On June 18, 1918, the battleship was towed to the roadstead, and the *Kerch* took position to torpedo it. First three torpedoes fired exploded without any visible results. As was established, they were set too shallow and hit right at the armored belt. The fourth was then set deeper, and hit between turrets Nr.2 and Nr.3, detonating their ammunition magazines in a spectacular blast, that blew off both sides of the ship. She started to roll, and 3'42" after the torpedo hit, the battleship capsized. For 37 minutes she was still floating belly up, with strong and high geysers of water being thrown through all the openings in the bottom. Then she sank in 36 to 40 meters of water.

In 1930 the Soviet underwater recovery service, the EPRON, tried to salvage the 305 mm ammunition from the magazines of the wreck, but when they tried to blow their way to the magazines, their explosives set a sympathetic explosion of the ammunition stored there, and the wreck got dismembered. It was some time, before anyone tried to continue the salvaging of the wreck. In late 1930s, when the *Imperatritsa Maria* turrets were recovered, someone reminded of the *Svobodnaya Rossiya* turrets to the EPRON. The guns, parts of the armor, various mechanisms and structures from both ships were recovered and used in the then constructed Nr.30 and 35 coastal batteries at Sebastopol.

Volya, the last of the Black Sea Dreadnoughts still serviceable, was commandeered by the Germans immediately upon her arrival in Sebastopol, and pressed into German service as *Volga*. With the defeat of the German Empire, and retreat of the German troops from Sebasto-

Wolia, ostatni ze znajdujących się w służbie drednotów, trafiła w ręce Niemców, którzy wcielili ją do swojej floty (według danych zagranicznych historyków pancernik otrzymał nazwę *Wolga*). Wraz z upadkiem kajzerowskich Niemiec i odejściem wojsk niemieckich z Sewastopola, na *Wolii* i innych ocalałych okrętach 24 listopada 1918 roku znów podniesiono flagi św. Andrzeja, lecz tym razem niedawni sojusznicy, Anglicy i Francuzi, którzy zastąpili Niemców, zagarnęli okręty i pod angielską flagą i z angielskimi załogami skierowali je do tureckiego portu Izmir (nad morzem Marmara). Dopiero w sierpniu 1919 roku *Wolia* i szereg innych okrętów znów pod flagą św. Andrzeja powróciły do ponownie zdobytego przez Armię Ochotniczą Sewastopola. Okręt, raz jeszcze przemianowany 25 września 1919 roku na *Gie-*

pol, St. Andrew's Ensign was again hoisted on her on November 24, 1918, but this time the British and the French, who replaced the Germans in Sebastopol, removed the crews and commandeered the ex-Russian ships. Crewed by the Royal Navy and under the White Ensign, they were then led out to the Turkish port of Izmir (at the Sea of Marmara). It was in August of 1919 that these were restored to the Russian ownership in Sebastopol, captured by the Volunteer Army (the White Russians). They hoisted the St. Andrew's Ensign again, and on September 25, 1919, the *Volya* got re-named again, this time to *General Alexeev*. Under command of Captain First Class V. A. Grigorkov, the last of the Black Sea Dreadnoughts was the main asset of the White naval forces in the Black Sea, the Black Sea Squadron.

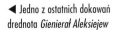

◀ Jedno z ostatnich dokowań drednota *Gienierał Aleksiejew*

◀ Battleship *General Alexeev* being docked for one of her last times

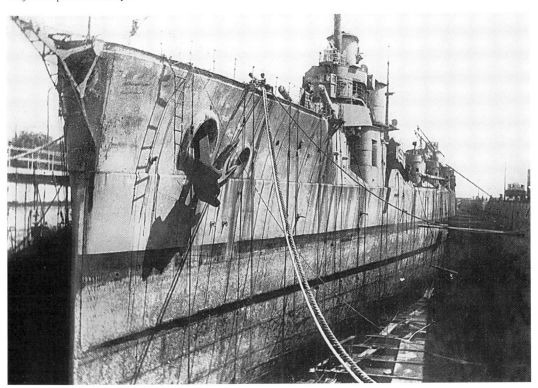

◀ Jedno z 305 mm dział pancernika na odbudowanym przez Finów transporterze lądowym

◀ One of the 305 mm battleship guns on the rail transporter rebuilt by the Finns

nierała Aleksiejewa, pod dowództwem kapitana 1. rangi W. A. Grigorkowa, stanął na czele morskich sił Białych na Morzu Czarnym.

Z trudem, mając niekompletną załogę, brał udział w operacjach bojowych przeciwko zajętemu przez Czerwonych wybrzeżu Limanu Dniepro-Bugskiego. Z redy tendrowskiej okręt prowadził artyleryjski pojedynek z oczakowskimi bateriami Czerwonych i odpierał naloty ich samolotów.

Ostatni akt czarnomorskiej tragedii rozegrał się w nocy z 31 października na 1 listopada 1920 roku, kiedy Gienierał Aleksiejew poprowadził z Sewastopola do Bizerty ogromny (121 statków, 130–150 tysięcy ludzi) konwój z uchodźcami. 3 listopada na redzie Mody w pobliżu Istambułu wysadzono na brzeg przepełniających pokłady pasażerów, z których wielu przez cały czas podróży nie było w stanie nawet usiąść z powodu panującego tłoku. Gienierał Aleksiejew już z nowym dowódcą (kapitan 1. rangi I. K. Fiediajewskij), na czele mocno przerzedzonej eskadry, popłynął dalej na zachód — do jedynie możliwej, obiecanej przez Francuzów przystani na północnym wybrzeżu Afryki.

Cztery lata, tracąc przechodzące w obce ręce okręty i coraz bardziej rozjeżdżających się po całym świecie ludzi, trwała eskadra w Bizercie, lecz i jej czas dobiegł końca. W nocy 30 listopada 1924 roku Gienierał Aleksiejew wraz z innymi okrętami opuścił flagę św. Andrzeja. Francja, uznając ZSRR, wymówiła eskadrze swoją opiekę.

Wkrótce na pokład pancernika wstąpili przedstawiciele władzy radzieckiej — A. N. Kryłow i J. A. Berens. Planom repatriacji okrętu stanęło na przeszkodzie wiele przyczyn. W końcu jednostki dawnej Floty Czarnomorskiej zostały złomowane we Francji, a ostatnim był w 1936 roku Gienierał Aleksiejew.

Ciekawe dzieje przeżyły działa okrętu, które po okupacji Francji trafiły w ręce Niemców. Większość z nich ustawiono na baterii Mirus, na Wale Atlantyckim. Trzy działa Niemcy przekazali Finlandii, gdzie były zainstalowane na odbudowanych przez Finów kolejowych transporterach artyleryjskich, nie dość dokładnie wysadzonych przez radzieckie wojska podczas ewakuacji z Hanko w grudniu 1941 roku.

Pamięć o okręcie liniowym Gienierał Aleksiejew i całej eskadrze jest uwieczniona na tablicy pamiątkowej w cerkwi prawosławnej zbudowanej przez rosyjskich marynarzy w Bizercie.

Lacking sufficient crew and support, the battleship took part in numerous shore bombardment sorties against the Red troops on the Dnepr-Bug Liman. From Tendrovskaya roadstead she bombarded the Red artillery batteries in Ochakov. During that sortie she was fending off the air raids to sink her, tried by the Red aviation.

The last act of the Black Sea tragedy took place during the night of October 31 and November 1, 1920, when General Alexeev led a huge — 121 ships and 130–150 thousand people — refugee convoy from Sebastopol to Bizerta. On November 3, at Moda near Istambul, the refugees, filling the decks of the ships to the brim (the crowd was so dense, that some of the people could not find a place to sit for the entire passage) were unloaded. General Alexeev, now commanded by Captain First Class I. K. Fedayevsky, led the depleted convoy further west, to the Northern Africa, where the French granted them asylum.

They have spent there four more years, the squadron gradually diminishing, as the ships were changing hands. Finally, their time was up. On the night of November 30, 1924, St. Andrew's Ensign has been lowered for the last time on General Alexeev. The French have recognized the Soviet government, and their claim to the ships.

Soon the Soviet envoys, A. N. Krilov and Y. A. Berens entered the ships to survey them. The planned repatriation of the devastated ships was taking long, and finally Soviets sold them to the French. They were broken up gradually in French yards, the last being General Alexeev, broken up in 1936.

As was the case with her siblings, the third Black Sea Fleet Dreadnought's guns also survived much longer than the ships, they were manufactured for. After the French surrendered in 1940, the 305 mm guns from the Alexeev were taken by the Germans. Three of these were later installed in Batterie Mirus on the Atlantic Wall, while three were donated to the Finns. These were placed on ex-Soviet railway transporters, captured in December 1941 in liberated Hanko Peninsula (occupied by the Soviets after the Winter War of 1939/40). These were blown up by the retreating Soviets, but the Finns managed to rebuild them and pressed them into service with the Alexeev guns.

The memory of General Alexeev and the whole of the Black Sea Squadron, is being preserved by a commemorative plaques lining the walls of the Russian Orthodox Church built by the Squadron's sailors in Bizerta, Tunisia.

Bibliografia:

* Przesłuchanie Kołczaka. Leningrad, Centrarchiw 1925;
* Kryłow A. N., Wspomnienia i artykuły, Moskwa, Wydawnictwo AN ZSRR 1956;
* Okręt liniowy Impieratrica Maria i Impierator Aleksandr III. Specyfikacja kadłuba, Sankt Petersburg, Rosyjskie Towarzystwo Budowy Okrętów, 1912;
* Okręt liniowy Impieratrica Jekatierina II. Specyfikacja kadłuba, uzbrojenia artyleryjskiego, torpedowego i osprzętu elektrycznego, Sankt Petersburg, Nikołajewskie Towarzystwo Fabryk i Stoczni 1912;
* Lorej G., Operacje niemiecko-tureckich sił morskich w latach 1914–1918, Moskwa, Wojenizdat 1934;
* Mielnikow R. M., Pancernik Potiomkin, Leningrad, „Sudostrojenie" 1980;
* Flota podczas I wojny światowej. T. 1 Działania floty rosyjskiej, Moskwa, Wojenizdat 1954;
* Cwietkow I. F., Pancernik Oktiabr'skaja Riewolucja, Leningrad, „Sudostrojenie" 1983;
* Westwood J. N., The end of the Imperatritsa Maria. Negligence or sabotage?, Canadian Slavonic Papers Vol. 21, 1979, s. 66–75;
* RGAWMF (Rosyjskie Państwowe Archiwum Marynarki Wojennej) Dz. 401. Spr. 1 teczka 54, 59, 206, 208, 341, 342; Spr. 6 teczka 52, 59; Dz. 418, Spr. 1 teczka 829, 910, 911, 1885, 2148; Dz. 421, Spr. 1 teczka 1848; Dz. 609 Spr. 1 teczka 656; Dz. 870 Spr. 5 teczka 365, 456, 457, 511.